U0367492

本书系国家社会科学基金重大项目
"伟大建党精神及其同中国共产党精神谱系关系研究"（21&ZD025）阶段性成果

# 清贫的牡丹

# 王振义

陈 挥◎著

上海交通大学出版社
SHANGHAI JIAO TONG UNIVERSITY PRESS

## 内容提要

　　"共和国勋章"获得者王振义是践行科学家精神的典范。他是内科血液学专家、中国工程院院士、法国科学院外籍通讯院士、上海交通大学医学院终身教授、上海交通大学医学院附属瑞金医院终身教授、上海血液学研究所名誉所长。全书从家庭、求学、行医、管理、科研、育人等方面，向读者描画了王振义：作为一名医学家，他悬壶济世、救死扶伤，秉承高尚的医者之德，拯救了众多患者的生命；作为一名科学家，他勇于创新，追求卓越，开创了肿瘤的诱导分化疗法，首创用国产全反式维甲酸治疗急性早幼粒细胞白血病，为世界医学界恶性肿瘤的治疗做出开创性贡献；作为一名教育家，他传道解惑，甘为人梯，为国家培养了众多优秀的医学领域人才，为中国医学发展做出重大贡献。本书不仅是一部人物传记，更是一部励志之作。

## 图书在版编目（CIP）数据

　　清贫的牡丹：王振义 / 陈挥著. -- 上海：上海交通大学出版社, 2025. 1-- ISBN 978-7-313-31746-9

　　Ⅰ. K826.2

　　中国国家版本馆CIP数据核字第20241AS639号

## 清贫的牡丹：王振义
QINGPIN DE MUDAN：WANG ZHENYI

著　　者：陈　挥

出版发行：上海交通大学出版社　　　　　　地　　址：上海市番禺路951号

邮政编码：200030　　　　　　　　　　　　电　　话：021-64071208

印　　制：上海颛辉印刷厂有限公司　　　　经　　销：全国新华书店

开　　本：787mm×1092 mm 1/16　　　　印　　张：19.75

字　　数：226千字

版　　次：2025年1月第1版　　　　　　　　印　　次：2025年1月第1次印刷

书　　号：ISBN 978-7-313-31746-9

定　　价：100.00元

我一生只完成了一件事，
　就是对病人负责。

　　　　　——王振义

# 引　语

　　王振义是我国著名的医学专家、中国工程院院士、法国科学院外籍通讯院士、上海交通大学医学院及附属瑞金医院终身教授、上海血液学研究所名誉所长，曾经担任上海第二医科大学校长和上海血液学研究所所长等职务。

　　在王振义家的客厅里挂着一幅油画，名为《清贫的牡丹》。他曾经说过："牡丹嘛，大红大紫，一般都象征着荣华富贵，但我这幅牡丹却是粉白中带红，很恬淡、清雅，表达的是清静向上的意思。做人要有不断攀高的雄心，但又要有一种正确对待荣誉和自我约束的要求和力量，对事业看得很重，对名利看得很淡。我相信做人最本质的东西：胸膺填壮志，荣华视流水。"对于这幅画的理解印证了王振义为人、为医、为师的人生观和价值观。

王振义与油画《清贫的牡丹》

　　在70余年的从医生涯中，王振义在医学实践和理论创新方面做出了重大贡献，其中最突出的成就是为白血病的治疗找到了一种全新的思路和方法。

　　白血病，又被称作"血癌"，是一种血液系统的恶性肿瘤疾病，种类繁多，死亡率极高。面对这个可怕的病魔，医学上传统的治疗方法是化疗，就是借用化学药物的杀伤作用消灭癌细胞，进而维持病人生命。但是，化学药物在杀死癌细胞的同时，会破坏健康的细胞和组织。许多病人在化疗后不但没有恢复健康，反而由于各种严重反应，尤其是造血功能衰竭而死去。

　　在长期的理论研究和医学实践基础上，王振义首创通过化学药物的诱导作用，把白血病病人体内的癌细胞逆转分化为正常细胞的治疗方法。这样既消灭了癌细胞，又没有使病人体内健康细胞受到伤害，最终达到治愈白血病的目的。

　　遵循着这一思路，王振义在人类医学史上第一次成功实现了将恶性细胞改造为良性细胞的白血病临床治疗新策略，奠定了诱导分化理论的临床基础，阐明了其遗传学基础与分子机制，树立了基础与临床结合的成功典范。他首创用国产全反式维甲酸治疗急性早幼粒细胞白血病（APL）的方法，使这种高病死率的急性白血病缓解率达到95%。他在《血液》（Blood）杂志上发表的关于全反式维甲酸临床应用的论文，引起国际医学界的强烈震动，掀起了诱导分化研究的新高潮。该论文被誉为全球百年86篇最具有影响的代表论文之一。

　　此后，王振义和学生陈竺、陈赛娟等又一起创造性地提出"全反式维甲酸联合三氧化二砷"治疗方案，并从分子生物学的角度将这个方案研究得明明白白，最终使得急性早幼粒细胞白血病这个曾经最为凶险的白血病成为第一个可被治愈的白血病，5年生存率从10%提高到95%以上。该成果被国际医学界誉为"上海方案"，不仅被国际权威指南指定为一线经典治疗方案，还被誉为"新中国对世界医学的八大贡献"之一。

王振义在找到攻克急性早幼粒细胞白血病的"特效药"——全反式维甲酸后，并没有为该药配方申请专利，而是急切地希望天底下所有的患者都能在第一时间用得起这种药。他把该药无偿赠予各大医院，并把制作方法和治疗方案毫无保留地向全世界免费推广。这种被患者称为"特效药"的黄色小药丸十分方便，只要口服就有效。一盒药当时售价 11 元，即便是近 40 年过去了，这盒药也只有 290 元，还被纳入医保，而类似的肿瘤治疗药物价格都在 2 万元以上。

1994 年 6 月 15 日，王振义获得国际癌症研究权威大奖——凯特林癌症医学奖。

2011 年 1 月 14 日，王振义获得国家科技界最高荣誉——国家最高科学技术奖。

2024 年 9 月 13 日，国家主席习近平签署主席令，根据十四届全国人大常委会第十一次会议表决通过的决定，授予王振义"共和国勋章"。

自 1992 年起，王振义获得的奖金超过千万，但他几乎全部捐了出去：1996 年，获得求是杰出科学家奖，100 万元奖金中有 40 万元捐给医院，40 万元捐给学校，10 万元捐给他所在的血液研究所；2011 年，获得国家最高科学技术奖，500 万元奖金中有 450 万元捐给医院，其余分别赠予参加全反式维甲酸研究的团队成员；2020 年，获得未来科学大奖"生命科学奖"，350 万元奖金捐献给了扶贫基金会。他还每年都定期向上海市慈善基金会捐款，帮助贫困地区群众。

淡定、低调，思维敏捷，虚怀若谷，大家风范，这就是王振义留给大家的印象。

王振义既是科学家，又是教育家。他"坚定心有大我、至诚报国的理想信念，陶冶言为士则、行为世范的道德情操，涵养启智润心、因材施教的育人智慧，秉持勤学笃行、求是创新的躬耕态度，勤修乐教爱生、甘于奉献的仁爱之心，树立胸怀天下、以文化人的弘道追求，践行教师群体共同价值追求"。70多年来，王振义教书育人，擎灯引航，呕心沥血，为学生们铺就充满智慧的成长之路，培养了一大批医学临床和科研人才，形成了"一师门四院士"的学术传奇。他在治学、行医、育人、修身方面堪称表率，他的科学精神、高超医术、师德情操和人格风范永远是医学生终身学习的榜样！

# 目　录

# 第一章

# 代代相传的卓越家风

20 世纪 30 年代的上海外滩

　　20 世纪 20 年代的中国，正处于民族资本主义发展的黄金期。站在中西文化交流最前沿的上海，在这样的氛围中更是披上了一层光鲜亮丽的外衣。然而，在反帝反封建成为时代主题的历史洪流中，在这繁华都市表象的背后，正酝酿着一股将要彻底改变中国命运的新生力量。本书的主人公王振义就是在这样的历史背景中降生到这个世界的。

# 一、重视教育的家庭氛围

上海公共租界陈家浜[①]珍福里（现成都北路、北京西路路口）是一条石库门里弄，这是中国传统单体院落式住宅与欧洲联列式总体布局结合的建筑，因有石条门框和乌漆厚木大门，故名石库门。有个王姓的大家庭就住在里面。

今日陈家浜

1924年11月30日，石库门内传出一阵响亮的婴儿哭声。21岁的父亲王文龙抱着刚出生的男婴，越看越喜欢。这是他们的第三个孩子，也是第二个儿子，属家族中的"振"字辈，长辈为他取名为振义。

王家人祖籍江苏兴化。兴化位于江苏省中部、里卜河腹地。那里土地肥沃，粮食充足，是江苏省内连通沿江地区（扬州、泰

---

①陈家浜，自苏州河起到凤阳路止。1915年（民国四年），填浜扩展为成都路。

兴化拱极台

州）和沿海地区（南通、盐城）的交通要道。兴化有着悠久的历史，古称昭阳，又名楚水，4 200年前的新石器时代就有先民在这一地区从事生产劳动、繁衍生息。春秋、战国时期，这里为吴楚之地，周慎靓王时为楚将昭阳食邑，五代杨吴武义二年（920年）划海陵县北设招远场，不久改招远场为兴化县，故有"昭阳古邑""海陵旧址"之称。名称"兴化"取昌盛教化之意。一方水土养一方人，历史上，兴化诞生了诸多文人俊杰，如明朝宰相李春芳、《水浒传》的作者施耐庵、"扬州八怪"之一郑板桥、文学理论家刘熙载等等。

王振义的祖父王西星①在兴化拥有数百亩的田地，后因局势动荡，连年战乱，被迫于19世纪末离开家乡，只身前往享有"东方巴黎"美誉的上海，寻求新的生活。

---

①有关王西星的材料是在王文龙、王振仁、王振礼和王振信等四人的人事档案材料基础上综合而成的。相关档案资料来源：上海工商银行档案资料中心、华东电力建设公司干部人事档案资料室、华东电力试验研究院干部人事档案资料室和上海隧道设计研究院干部人事档案资料室。

作为远东第一大都市，当时的上海因其得天独厚的地理优势和开放、多元、包容的文化内涵，吸引着来自全世界和全国各地的移民们。他们中有达官贵人，也有市井百姓；有金融大鳄，也有文化精英；有热衷于现代生活方式的洋人，也有沉湎于传统生活理念的儒生。他们怀揣各自的目标与追求来到这里，在这片充满活力的热土上辛勤耕耘，使上海成为近代中国经济和文化的中心。中西文化在这里交汇与碰撞，生活在其中的每一个人都不可避免地在潜移默化中接受"海派文化"的洗礼。根植于中国传统文化基础上的海派文化，也以其包容、多元、开创、扬弃的精神实质营造出有利于社会进步与发展的文化氛围。[1]

凭借殷实的家产，王西星在上海从事起了洋货买卖。他开办的同茂盛洋货行专营日本商品，主销三井洋行的货物。兴隆的生意给这个家庭带来了丰厚的收入。王西星随即利用这些资金在国内的主要港口如汉口等地置办了典当行、杂货店和蛋厂等一系列产业，并在上海重新建立了家庭，娶庄氏为妻，育有三子一女。王文龙为长子，出生于 1903 年。由于长期从事洋货买卖，王西星对外来文化和商品有着浓厚的兴趣，这也给这个传统的中国家庭带来了一些新鲜的元素。

然而，这样的生活并没有持续很长的时间。1911 年，王文龙8 岁时，王西星就因病离开了人世，由他经营的一切生意也就当即画上了句号。他在上海的数处空地和一所房屋成为他留给妻儿最后的财产。妻子庄氏用出租土地和房屋收取的租金维持家庭的日常开支。由于庄氏并非王西星的发妻，子女又尚年幼，且长时间

---

[1]有关海派文化的更多信息可参见熊月之主编的《上海通史》（上海人民出版社，1999）和徐牲民《上海市民社会史论》（文汇出版社，2007）。

青年会中学所在的大楼（现上海市黄浦区四川中路 599 号）

不在兴化老家，王西星在兴化的数百亩田地和其他财产大部分都被其兄长王茂庭占去。尽管如此，留在庄氏手中的这笔遗产仍然十分可观。

无论如何，对一个旧时期的女性而言，即便拥有丰厚的家产，独自背负起一个家庭的重担、只手带大四个孩子也绝非易事。多年来，在母亲的精心料理下，父亲的遗产始终没有"贬值"。庄氏十分宠爱长子王文龙，王文龙则对自己的母亲百般孝顺。以后，在教育自己的子女时，王文龙也总是要求孩子们对长辈尽孝道。庄氏并没有因为生活的压力而疏忽对儿女的教育。1913 年，她将王文龙送入四川路青年会中学①（现上海市浦光中学）学习商科。这所教会学校以商业英语为特色，王文龙在求学期间表现出了对英语和商科的浓厚兴趣，这也为他今后特别重视子女的外语学习埋下了伏笔。

王文龙虽然此时正徜徉在知识的海洋里，但并没有把自己束缚在书本上，而是满怀热情地加入学生运动的潮流中。1919 年 5 月，正值青春年华的王文龙参加了上海学生的反帝罢课运动。②

①青年会中学由中华基督教青年会创办于1901年（清光绪二十七年），专修商业英语。1907年，迁至四川路青年会第三所。1912年，按教育部规定设置课程，侧重英文和商科，教师大多为圣约翰大学毕业生，著名出版家、编辑家邹韬奋就曾在该校教授英文。
②王文龙：《王文龙自传》，上海工商银行档案资料中心档案。

王文龙（1903—1984）　　　　　　陈姿芳（1903—1991）

　　1920 年，在母亲庄氏的主持下，17 岁的王文龙与来自浙江绍兴的陈姿芳结婚。陈姿芳同样出身于富裕人家，虽然只有小学文化程度，但也算得上是门当户对。陈姿芳为妾所生，因而在家中并无多少地位可言，嫁到王家后便很少与娘家人再有来往，只专心抚育自己的孩子，全力操持家务。中华人民共和国成立后，她也曾参加所在社区的里弄工作，担任过高安路娄浦弄居委干部。

　　成家之后，王文龙就告别了自己的学生生涯，踏入社会，努力工作，挑起家庭的重担。尽管他只有初中学历 ①，但在当时的社会中，像王文龙这样既会英文又懂商业的年轻人已属社会的精英人才。在青年会的介绍下，王文龙轻松地得到了美国保险公会水险部的职位，负责核对各种水险账表。半年后，经友人介绍，王文龙来到荷商上海保险公司水险部继续从事与水险相关的工作。

　　王文秀是家中的次子，1906 年出生，与王文龙一起在青年会

---

②事实上，王文龙并没有完成中学学业，离毕业还差一年，因此，他只是从青年会中学肄业。

中学读书，毕业后进入美商柯达公司工作，推销电影胶片和照相软片。与王文龙不同，王文秀是一个善于经营的人，无论是在生意方面，还是在生活、交友方面，他都能想尽一切办法搞得红红火火。在柯达公司工作的同时，他还与朋友一起合资开办了上海大华薄荷厂，每年的收入颇为丰厚。在几个侄儿的眼中，叔父王文秀一家"一贯过着奢华的生活"，这不免让他们心生羡慕。解放后，王文秀携妻女迁往香港继续从商。

尽管王文龙与王文秀在性格和为人处世方面有着明显的不同，但是直到抗战初年，他们始终没有分家，依靠经营父母的遗产和自身工作的收入共同生活。1937—1938 年间，他俩用家中存有的遗产在高恩路（现徐汇区高安路）建造了两座花园住宅，并将剩余部分平分。自此，兄弟俩才算正式分了家，两家人之间的关系也逐渐开始疏远。妹妹王翠娥则一直住在王文龙家，直到 1940 年去世。

王文龙家
（高安路 59 弄 2 号）

1919 年五四运动以后，中国人的民族意识不断增强。由于当时我国的财产保险与生命保险均为外商所垄断，一些有识之士开始集资创办保险公司，力图与洋保险相抗衡。1939 年，爱国金融家周作民①在上海投资开办了安平保险公司，由王文龙的好友屠伯钧、汤秀峰负责操办各项具体事务。他们力邀王文龙加盟安平保险公司。王文龙长期在外资公司工作，目睹国人受洋人欺负，遭受不公正的待遇，所以他对外国资本家有极大的反感。在好友的盛情之下，他当即决定接受邀请，担任安平保险公司协理并兼任金安保险公司监察、宝隆保险公司常务董事。

1933 年，母亲庄氏不幸去世。常言道，长兄如父，母亲的离世让王文龙意识到自己肩上又多了一份责任。

1941 年冬天爆发的太平洋战争在彻底改变第二次世界大战走向的同时，也给生活在大洋彼岸的每一个普通中国老百姓的日常生活带来不小的影响。外部环境的变迁加速了日军对上海的控制，国内经济形势急转直下，货币贬值、物价不稳定等现象接踵而至。

王文龙家早年相对富裕的生活环境，也面临不断滑向拮据的境地。长子王振仁回忆道："那时，家中的经济条件越发困难起来，不得不解雇一些佣人，母亲和孩子们一起参加家里的劳动，也就是在这两年中，渐渐培养起了大家的劳动观点。"②

尽管八个孩子的读书费用和生活开支迫使王文龙在 1943 年卖掉父亲遗留下来的位于武定路武定村的六幢房屋③，但他始终坚持

---

①周作民（1884—1955），银行家。1917年5月创办金城银行，逐渐成为金融巨子。1948年赴香港，1951年6月返回北京，被特邀为全国政协委员。
②王振仁：《王振仁自传》，上海华东电力建设公司干部人事档案资料室档案。
③王文龙：《王文龙自传》，上海工商银行档案资料中心档案。

王文龙夫妇和子女们（王振义为后排右二）（1979 年）

创造条件让子女接受良好的教育。他认为，学好知识、掌握技术不仅能够让孩子们将来都过上体面的生活，更是一种救国的可取途径。

王文龙一贯对子女要求严格，经常教导他们要好好读书，努力学习，掌握一定的专业技术，做对国家社会有用的人。即使在他经济最为拮据的时候，他还是在家中给热衷于化学试验的三子王振礼置办了一个小型化学实验室①，以激发他的学习兴趣，使他在这方面的潜能得到最大的发挥。

---

①王振礼：《王振礼自传》，华东电力试验研究院干部人事档案资料室档案。

在重视科学技术教育的同时，他还特别重视子女的外语学习。起初，王振义和大哥王振仁都在离家较近的兴中小学上学，但王文龙对兴中小学外语的教学质量不满，将两人转到位于法租界萨坡赛路（现黄浦区淡水路）上由法国人创办的萨坡赛小学（现黄浦区卢湾第一中心小学）①，并以同样的理由把小儿子王振信从华龙小学转到以英语教学闻名上海的圣约翰大学附属小学。

王文龙的这些教育理念，为他的子女们以后在科学技术领域与国际先进水平接轨奠定了一定的语言基础。次子王振义精通法、英两种外语，三子王振礼掌握英、俄、德、日四国语言，五子王振信同样掌握了英、俄、日、法四国语言。八位子女中，只有幼女王妙琪因北上参加革命工作而未能完成大学学业，其余七人全部毕业于当时上海的各大著名高校，其中两人毕业于震旦大学、三人毕业于圣约翰大学②、一人毕业于复旦大学③，一人毕业于大同大学①。兄弟五人更是在日后的工作中，成为各自学科领域中的杰出人才。

在孩子们眼中，尽管他们出生在一个较为富裕的家庭，但是父亲为人处世和对子女的教育理念、教育方式与有的有钱人家是不同的。王文龙为人正直，个性稳健，生活朴素，对儿女的教育特别重视，要求他们养成良好的生活习惯和劳动习惯，平等待人，关爱他人，不允许他们沾染上一丝富家子弟的恶习。这样的家庭

①1932年，法租界公董局慈善会创办"华童公学"，初建时名为中国第一小学，后改为萨坡赛小学。1943年8月改为上海特别市南通路小学，1945年更名为上海市立第五区第一中心国民学校，1951年改称上海市嵩山区第一中心小学，1956年改为上海市卢湾区第一中心小学，2012年改为现名——上海市黄浦区卢湾第一中心小学。
②1879年创办于上海的美国圣公会教会大学。
③1905年创办于上海的私立大学。
④1912年创办于上海的私立大学。

晚年时期的陈姿芳

教育氛围，在潜移默化中影响了王振义及其兄弟姐妹的价值观。

王振义在回顾自己的成长经历时，多次强调了家庭教育。他说："父亲给我最深的印象就是平等待人。父母的教育通常是十分严格的，他们常常教育我们不能浪费钱，要帮助穷人。当时，家里虽然有保姆，但父母对他们都很好，从来没有把他们当成佣人或下等人来看待，因为在他们的脑海中，尽自己的力量去帮助穷人是每个人都应该做到的。现在回想起来，我自己的很多好习惯，也都是在那个时候养成的。比如说爱清洁，就是受我母亲的影响，她要求我们不能在地上乱扔东西，要把自己的生活、学习和工作的地方打扫干净，这些生活的细节对我今后的工作都有很大的帮助，而这些习惯的养成都是家庭教育的成果。"[1]

王文龙在安平保险公司一直工作到1949年以后。1951年11月，安平保险公司改组为公私合营的太平保险公司，由于王文龙始终拥护中国共产党和人民政府的领导，加之出色的业务水平，组织上任命他为业务处副处长。

1956年11月，因太平保险公司迁往北京，王文龙转到中国人民保险公司上海分公司国外业务处任副科长，1960年1月转任中国人民银行卢湾区办事处保险科副科长至1963年11月退休，1984年去世。

---

[1]《王振义采访记录》（未刊稿），2010年11月19日。

# 二、兄弟姐妹各展其才

王振义共有兄弟姐妹八人，他在家中排行第三，上有大姐王妙珍、大哥王振仁，下有三个弟弟（王振礼、王振智、王振信）和两个妹妹（王妙云、王妙琪）。王文龙是一个深受中国传统文化浸润的人，他用儒家文化中的"五常"来为自己的儿子取名，若把王振义五兄弟名字的最后一个字连起来，正好凑齐"仁、义、礼、智、信"。据弟弟王振信回忆，在这个大家庭中，二哥王振义学习最出色，是大家学习的榜样。[1] 这个大家庭多元、严谨、宽容的生活氛围，以及家庭中每一个成员的成长经历，都对王振义的人生道路产生了重要的影响。

大哥王振仁（1923—2007），是民主革命时期就参加革命工作的中共地下党员，中华人民共和国成立后长期从事电力建设和技术管理工作的高级工程师。

1930年，王振仁进入兴中小学，1934年与王振义一同转入萨坡赛小学。据本人回忆，进入震旦大学附属中学后，弟弟的优异成绩让他逐渐认识到了读书的重要性，他开始刻苦学习。[2]1943年，王振仁顺利考入大同大学电机系。

王振仁大三时，正值抗战胜利后的国共谈判时期，国内包括上海的民

王振仁（1923—2007）

---

① 《王振信采访记录》（未刊稿），2011年1月17日。
② 王振仁：《王振仁自传》，上海华东电力建设公司干部人事档案资料室档案。

主气氛十分活跃，他开始积极参加学生组织的各项活动。

1947年5月，上海各大学展开一系列斗争，大同大学的学生们也向校方提出革新校政的要求。此时，国民党当局又一次暴露出丑陋的嘴脸，大批逮捕示威学生。不断兴起的学生运动，让王振仁进一步看清了国民党反动派的真面目，同时有关解放区新气象的信息不断进入他的视野，更进一步坚定了他跟共产党走的决心。

1947年7月，王振仁在大学毕业前被吸纳为中国共产党党员。王振义回忆道：大哥参加党的地下工作后，常有进步同学到家中"聚会"，自己也在这种氛围中萌发了一些参加进步活动的想法。

1949年以后，王振仁先后在闸北水电公司任公务员，在上海市委统战部任办事员，在闸北电厂任技术员。1966年12月，他前往四川支援祖国西南的电厂建设，任四川渡口工程处主任。1973年起，他先后担任了上海电力建设公司副主任、主任，华东电力建设局副局长，上海电力建设局副局长、教授级高级工程师、顾问。

自20世纪60年代初从事电力基建工作以来，王振仁参加过许多电厂工程建设，从上海到四川，从国内到国外，到处都有他为祖国电力建设事业艰苦奋斗的足迹。突出的贡献使他在1987年和1990年两次当选上海市重点工程实事立功竞赛建设功臣。2007年9月，王振仁因病去世。

王振仁的一生廉洁自律、艰苦朴素。他从不计较个人得失，从不向组织提条件，从不给组织添麻烦，从不占用任何一份集体资源。作为局领导，他坚持每天坐厂车上下班，不用单位配给他的轿车，到办公室后，为同事倒水、扫地，从不搞特殊。

离休后，王振仁依旧坚持从家走到单位，谢绝单位安排车辆接送。在所居住的小区中，他秉着为集体服务的精神每天打扫楼梯。直到有一次，单位里的同事向管理员打听他，管理员才知道这位朴素勤劳、每天扫楼梯的老人原来还是一位局长。病重期间，他谢绝了家人让其到王振义任职的上海交通大学医学院附属瑞金医院（以下简称"瑞金医院"）接受治疗的安排，因为他不想因弟弟工作的关系而享受特殊待遇，也不想让社会和企业花费过多的钱，给家庭和单位增添麻烦。他一生的高风亮节和无产阶级革命精神深深打动了王振义。

作为家中的长兄，王振仁在兄弟姐妹中有着较高的威信，加之其自身不断在思想上积极要求进步，更使其身上有一种发挥榜

王文龙（左）与王振仁（右）

样作用的使命感。父亲王文龙经常会与王振仁交流思想，相互促进；兄弟姐妹们在遇到人生大事时也都愿意向大哥请教。王振仁的人生经历和思想认识对弟妹们的成长起到了引导作用。

三弟王振礼（1927—1983），是长期从事电厂化学工作的高级工程师。

1934年，王振礼进入萨坡赛小学，1940年考入圣约翰青年中学，1943年被保送至圣约翰大学附属中学高中部，因受化学老师的影响而对化学产生浓厚的兴趣，1945年又被保送进入圣约翰大学化学系学习。他在班上学习刻苦，又乐于为大家服务，受到进步同学的青睐与帮助，渐渐培养起参加学生组织和活动的兴趣。

王振礼（1927—1983）

1946年，王振礼大二时，圣约翰大学校内的政治运动日益频繁，各院系都成立了学生会级会。在中共地下党同学的争取下，王振礼不仅参加学生组织，而且还被选为级会干事，组织参与多项为学生谋福利的活动。

1947年冬，上海的学生运动开始将矛头指向国民党当局，王振礼参加了上海学生抗议英帝九龙暴行大游行 ① 和群众募捐活动。

①1948年1月5日，港英当局为了扩大九龙机场，暴力拆毁了机场周围中国居民的住房，造成流血事件，使2 000多名居民无家可归。中共上海学委决定利用"反英"的机会揭露国民党假反帝的阴谋。1月16日，交大、同济、圣约翰、东吴、南模、幼师、女师等74所大中学校学生代表在交大开会，成立"上海市学生抢救民族危机抗议九龙暴行联合会"，决定发动广大同学于17日下午举行全市罢课和示威大游行。

1948 年 1 月 28 日，国立同济大学欢送晋京请愿代表团去南京请愿①，在正义的召唤下，王振礼和很多圣约翰大学同学加入了这支队伍。在热血沸腾的学生运动面前，反动当局竟然动用了装甲车、机枪、骑兵、刺刀等暴力手段对付这些手无寸铁的学子。当时的王振礼站在队伍的最前面，准备用手中的照相机将同学们的英雄事迹和反动当局的暴行记录下来，以动员更多的同学加入推翻反动统治的运动。不幸的是，反动当局用骑兵冲散了游行队伍，王振礼也被逮捕。

王振义获悉这一消息后，立即前往圣约翰大学为王振礼送衣送食，与进步同学一同设法救弟弟出狱。这一事件也加深了王振义对国民党反动当局的憎恶。

在上海大学生更大范围的抗议示威声中，17 天后，反动当局释放了全部被关押学生。随后，王振礼又参加了"五二〇"②控诉纪念会以及布置"反美扶日"③展览会等活动。接踵而至的学生运动引来了反动当局的新一轮打压，王振礼也险些因此被圣约翰大学开除。

从 1948 年秋到 1949 年上海解放前，王振礼非正式地加入了新民主主义青年团④，并积极参与这个组织的地下活动，团结同学一起迎接上海解放。

---

① 《上海青年志》第三篇第二章第二节，据上海地方志办公室网站：http//www.shtong.gov.cn/node2/node2245/node66268/node66277/node66326/node66387/userobject1ai62314.html，访问日期：2011年1月31日。

② 1947年2月，国民党政府限期撤除中共驻南京、上海、重庆等地的代表机关，宣布国共谈判破裂，准备发动内战。5月，在各地党组织的领导下，许多学校酝酿举行规模更大的游行示威活动。5月20日，上海大中专14所学校7 000多名学生以欢送沪杭区国立院校抢救教育危机晋京代表联合请愿团名义，举行了"反饥饿、反内战"大游行。各地游行队伍遭到国民党特务和军警的血腥镇压。

③ 二战结束后，美国为使日本成为其在远东反共、反苏的基地，明目张胆地扶植日本，对远东和平构成威胁。上海学生在1948年5月首先开展了反对美帝扶日活动。

④ 后改名为中国共产主义青年团。

1949 年 11 月，王振礼考入上海电力公司，成为一名实习工程师，在杨树浦发电厂工作，1952 年 4 月任化学分场副主任、工程师，1954 年 12 月加入中国共产党，1956 年被评为 1955 年度上海市劳动模范和全国电力系统先进生产者。

30 多年中，王振礼一直从事电厂化学工作，为发展我国电力工业的水处理技术做出积极贡献。

王振义（右）与王振智（左）（1995 年）

四弟王振智（1929—2006），曾就读于圣约翰大学附属小学，1952 年毕业于复旦大学化学系，毕业后先后担任鞍山钢铁厂炼铁厂技术员、邯郸钢铁厂工程师、邯郸钢铁厂炼铁厂厂长、邯郸钢铁厂总工程师。他在炼铁方面有着深厚的学术造诣。

五弟王振信（1930—），是中国隧道工程和地下工程设计领域的专家。

1936 年起，他先后在兴中小学、华龙小学学习，后转入圣约翰大学附属小学。

1942 年至 1948 年，王振信在圣约翰大学附属中学完成学业，1948 年 2 月考入圣约翰大学经济系。一学期后，在科学救国思想的鼓舞下，他放弃经济学而转入土木系学习。[1]

当时，大哥和三哥都积极参加了学生运动，无形中也激发了王振信的热情。1949 年上海解放前，他参加人民保安队[2]，迎接上海解放，协助解放军维持秩序，接管敌产、企业，宣传党和人民政府的政策，如取缔银元券，动员青年参加南下、北上和军政大学等运动。同年秋天，他正式加入了新民主主义青年联盟[3]（简称"新青联"）。12 月，王振信第一批申请加入新民主主义青年团。

1950 年，为响应毛主席"一定要把淮河修好"的号召，王振信在华东水利部的领导下，到安徽淮南和寿县参加治淮工作，担任工程员，主要参与筑堤工程、退水渠测量和监工等工作，顺利完成任务返沪后，于1951 年秋重回圣约翰大学。

1952 年，王振信大学毕业后，在上海煤矿设计院担任工程师，1958 年8 月加入中国共产党。

王振信（1930— ）

---

①王振信回忆说："解放前读书，读理工科的与读经济系、政治系的根本不同。在那个年代，要赚钱的读经济，要做官的读政治，我当时想的就是科学救国。我读圣约翰大学，圣约翰大学从商从政的名人出得真不少，读理工出名的却极少。我读的是土木系，报考时就认准科学能救国。"王振信：《好梦成真》，《瞭望》1990 年第34 期。
②1949 年4 月，渡江战役前夕，为配合人民解放军解放上海，中共上海市委决定，将全市各基层单位已普遍存在的护厂队、护校队、纠察队、自卫队等集中起来，建立统一的人民保安队。
③新民主主义青年联盟是中共上海地下学委系统的秘密外围组织。

王振信（左）接受作者采访（2011 年）

王振信是国内外地下工程领域一位很有影响的专家。由他首创的地下工程施工工艺多次获得国家、上海市科技进步奖。

大姐王妙珍（1921—2017），毕业于圣约翰大学，曾在太平保险公司任职员，先后任职于贵州省城市建设厅金属结构厂和贵阳国家建委四局。据王振义回忆，王妙珍是王文龙夫妇最疼爱的，曾在家中享受过一人居住单间的"最高待遇"。[①] 在这个大家庭中，大姐成熟较早，读书时因与班上一些同学和朋友的关系，思想上也比较进步和活跃。王振义曾在大姐那里借阅《西行漫记》和丁

<hr>

① 《王振信采访记录》（未刊稿），2011年1月17日。

王振信兄弟姐妹七人（王振义为后排右二）

玲介绍延安社会生活情况的书籍。由于当时正处于日寇统治时期，新闻控制严格，王振义根本无法想象，在延安还有一片如此充满生机的天地，正是这些进步书籍开启了他内心深处的一扇门。1945 年前后，有人劝王振义参加"三青团"①，王振义曾向大姐王妙珍询问建议，王妙珍明确表示让他不要参加。

①三民主义青年团，简称"三青团"，是中国国民党下属的青年组织。在不同时期，"三青团"的性质和作用并不相同。成立之初，正值抗日战争激烈进行之际，抗日救亡运动在全国各地蓬勃兴起。许多知识青年在抗日爱国的激情鼓舞下参加了"三青团"。"三青团"为笼络青年，在抗日救国的名义下，开展了一些活动。在抗日战争转入相持阶段后，国民党逐渐奉行限共、防共、反共的政策，"三青团"的许多组织在特务分子控制下成了国民党反共的工具。在国民党的严密控制下，"三青团"向青年灌输封建思想和反共思想，宣扬"一个主义、一个政党、一个领袖"和对蒋介石的愚忠，进行"精神训练""生活训练"等。1947 年 9 月国民党六届四中全会暨中央党团联席会议决定实行"党团合并统一"，将"三青团"并入中国国民党。

二妹王妙云（1925—2012），1949年毕业于震旦大学女子文理学院经济系。曾在上海任小学教员，1952年去香港，在新志公司任会计。

三妹王妙琪（1932— ）（现名王冀），1949年上海解放时，正在上海中西女中 ①（现上海市第三女子中学）读书。同年7月，为欢庆上海解放建立新政权，掀起了南下西南服务团、北上文工团的报名热潮，中西女中的学生们在共产党员和新青社员的带动下，积极投入这股浪潮。平日不声不响的王妙琪不顾父亲的反对，独自参加了北上文工团，来到沈阳成为东北军区后勤政治文工团的成员，并于1950年参加抗美援朝，复员后到中国青年艺术剧院工作，先后任秘书科和资料室科员、中国青年艺术剧院办公室主任等职。

在这样一个多元融合的大家庭中，正直、严谨的家庭教育让王振义和他的兄弟姐妹们形成了知足平和、淡泊名利的心态，平等待人的处世姿态和科学报国、服务社会的人生观、价值观。说它多元，是因为这个家庭的每个子女所选择的专业方向与人生轨迹都各不相同。然而，在同一种家庭教育和价值取向的影响下，在兄弟姐妹的思想交锋与融合中，他们殊途同归，用自己的实际行动在不同的工作岗位上书写了绚丽多彩的人生篇章。这一切都是王振义成功道路上的重要财富，也是他人生旅途中值得回忆的美好片段。

---

①中西女中是由美国基督教传教士创办的贵族女子学校，前身中西女塾成立于1892年3月。中西女中多数学生虽出身上层家庭，但日益严重的民族危机使学生们对旧社会弊病深恶痛绝，开始产生了一种新的是非标准和价值观念，孕育出强烈的革命热情和献身精神。宋庆龄就是中西女中的校友。

王振义兄弟姐妹及家人（前排左起：王振信、王振义、王振智。后排左起：妻子谢竞雄、弟媳高骝德、小妹王妙琪、二妹王妙云、大姐王妙珍）（1995 年）

# 三、共同的初心：医学路上的伴侣

谢竞雄，1921 年出生于江苏吴江。谢氏家族是吴江地区的大户人家。她母亲费氏的娘家在当地同样享有很高的声望。中国社会学奠基人、曾任全国人大常委会副委员长的费孝通教授就是谢竞雄的表哥。家庭氛围的熏陶让谢竞雄从小就立志成为一名新时代的知识女性。

1928 年，谢竞雄在家庭教师的带领下开始接受启蒙教育，1930 年进入景海女子师范学校[①]附属小学接受正规教育，

谢竞雄（1942 年）

①1902年，美国基督教监理会在苏州天赐庄创建景海女塾，1916年，该校更名为景海女子师范学校。

费孝通（1910—2005）

这是一所以对中国上等社会女子进行基督化教育为宗旨的教会学校。1935年，谢竞雄升入该校初中部。1937年抗战爆发，她被迫离开吴江，于1938年随全家迁居上海，不久便考入上海怀久女中①（现上海市第二中学）。然而，日军的入侵使学校的外部环境越发混乱，打破了校园的宁静，也打乱了谢竞雄学习的节奏。于是，1939年她再次选择转学，进入江苏省立常州中学沪校②学习。

1941年高中毕业后，出于对医生职业的可靠性和社会影响较大等方面的考量，谢竞雄选择学医。巧合的是，当年的王振义也是出于相同的考虑而选择医学专业的。在谢竞雄看来，既然选择了医科，就应该到当时国内最好的医学院——北平协和医学院③去学习。因而她选择报考了当时作为协和医学院预科学校之一的东吴大学理学院医学预科。

1942年的秋天，日军已经全面控制了上海的租界，谢竞雄就读的东吴大学也被迫南迁。出于对震旦大学医学院的向往，谢竞雄没有选择可以直接转入的上海医学院，而是宁愿在震旦大学补学一年法语后再入医学院学习。

①上海市第二中学在上海沦陷期间改名为怀久女中，抗日战争胜利后恢复原名。
②江苏省立常州中学成立于1907年。1938年，因校舍在抗日战争中受到损坏，学校解散，部分教职员在上海租屋授课，称为"江苏省立常州中学沪校"。1941年日军进驻租界，学校又宣告解散。
③北平协和医学院前身为创办于1906年的协和医学堂。1915年，美国洛克菲勒基金会购得协和医学堂全部产业，并斥资进行新校建设，1921年正式建成协和医学院。

大学期间，与王振义一样，天主教教义中的与人为善、平等待人、诚实守信、帮助弱者的思想对谢竞雄产生了深刻影响，她从中领悟到了一名医生所应具备的责任与使命。在这种价值观的影响下，平时并不热衷于学校各类政治活动和宗教活动的她，也常常主动参加一些服务社会、服务穷困百姓的公益性活动，如每周一次为鲁班路难民免费诊病发药。

王振义（左三）、谢竞雄（左四）和同学王德芬（左一）、严铭山（左二）（1949年）

当时，震旦大学法语补习班女生部设在徐家汇启明女中[①]（现上海市第四中学），由震旦大学的法籍教员负责法语教学任务。同时，为了让这些学生能在一年的语言学习期中，尽可能多地提高法语水平，补习班从震旦大学挑选出一部分法语成绩优秀的学生，作为辅助教员来帮助她们。当时正在震旦大学医学院二年级学习的王振义就是这些辅助教员中的一个。

一天，辅导课程结束后，王振义走在回家的路上，发现有个女同学与他同向行走。那不是补习班的谢竞雄吗？这个有着欲与男子试比高的气势、很阳刚的名字，让他印象深刻。

此时，谢竞雄也发现了他，朝他微微一笑，算是打招呼。两人一路聊起天来。王振义问道："你家住哪儿？""高安路。""啊，

①启明女校创办于1904年，经过几次更名，1968年改称上海市第四中学。

你也住在高安路！"原来，两家之间仅相隔一条马路。此后，两个人时常在课后一同回家，一路上探讨学习，聊聊家庭和生活，志趣相投让这两颗年轻的心拉近了彼此间的距离。说不清在什么时候，两人开始相爱。

有一次，王振义在和学生谈起自己恋爱的经过时，深有体会地说，爱情的甜蜜往往会给年少气盛的青年人带来一些负面的影响，他也不例外，在一次期末考试中，他得了学习生涯中的最低分——唯一的一个60分。王振义是一个热情但又很理智的青年。很快，他就意识到了问题所在，在随后的学习中，他及时进行了调整，妥善地处理了学习与情感生活间的关系。在与谢竞雄的更多接触与交流中，两人都从对方身上学到了很多东西，在相互促进中，他们的感情得到了进一步的加深与巩固。①

1948年，谢竞雄与王振义一同从震旦大学医学院毕业。在学校的介绍下，谢竞雄前往杭州仁爱医院担任内科住院医师。她深感医生肩上责任的重大，时刻提醒自己要万分用心。与王振义一样，谢竞雄也是一个善于发现问题、敢于提出问题的人。刚进入医院后不久，她就察觉到医院管理制度的混乱。例如，原本应该负责护理工作的修女可以任意对病人施药，像她这样受过专门训练的年轻医师却被安排到护校从事教务工作。这样的工作安排显然不合理，而且也是对病人的不负责。因此，谢竞雄大胆地向领导提出了这一问题并力争对制度进行改革与完善。

1949年中华人民共和国成立前夕，因为工作环境不能使其充分发挥专长，谢竞雄选择辞职返沪，并在夏天回到母校的附属医院广慈

---

① 王振义：《我的医学人生》（未刊稿）。

医院的儿科工作，师从一代名医高镜朗。[1]

　　1950 年 11 月 19 日，王振义和谢竞雄在上海复兴中路森内饭店举行了隆重的婚礼，新房就在高安路 59 弄 2 号。

　　1952 年，上海第二医学院[2]（以下简称"二医"）成立后，高镜朗出任广慈医院儿科主任，参与筹建二医儿科系，并于1954 年被聘请为二医儿科系主任。在筹建儿科系的同时，高镜朗深知，要想攀登医学

高镜朗（1892—1983）

高峰，仅靠他一人或者少数几个人是不行的，应该加快培养年轻人，

王振义和谢竞雄（1950 年）

王振义、谢竞雄在婚房前（1950 年）

王振义和谢竞雄（1953 年）

---

①高镜朗（1892—1983），我国著名儿科医学家，一级教授，曾任二医儿科医学系主任，广慈医院儿科主任，新华医院、新华儿童医院儿内科主任，上海市儿科医学研究所第一所长。
②1985年更名为上海第二医科大学。2005年6月，上海第二医科大学与上海交通大学合并组建新的上海交通大学。

使薪火代代相传。谢竞雄就是在恩师的指导下专攻血液方向的，主要从事小儿血液、小儿肿瘤、小儿免疫等方面的基础及临床研究。

1958 年 10 月，上海市自己设计、自己建设的第一家综合性教学医院——新华医院建立以后，为进一步提升儿科专业的临床诊疗和教学科研能力，在组织的安排下，谢竞雄于 1959 年 2 月跟随恩师高镜朗及沪上一批名医随二医儿科系一同转入新华医院。谢竞雄在那里从事儿科专业的临床和教学科研工作，被评为教授、主任医师，并先后担任儿内科副主任、儿内科教研室副主任和上海医学会儿科学业组组长，成为新华医院第一代儿科学的开拓者和建设者，为新华医院的建设和儿科医学事业的发展做出重要贡献。

现代化的新华医院

1980 年谢竞雄退休后，仍继续担任新华医院儿内科教研组副主任，从事儿科学的教学任务，并被聘为新华医院高级医学顾问和上海市儿童医院血液科顾问，一如既往地热心指导儿科的医疗、教学和科研工作。

谢竞雄（2001 年）

谢竞雄在儿科血液学领域有着深厚的造诣。20 世纪 70 年代初，她在国内率先创建了儿科血液专业组，带领儿科血液学科团队在新华医院儿内科开展儿童白血病的临床研究。

1972 年，她开创了治愈儿童急性淋巴细胞白血病的先例，1980 年她又在国内率先从事儿童骨髓移植的实验性研究，为新华医院儿科骨髓移植的临床应用奠定了基础，成为我国儿童血液学学科的先驱之一。

谢竞雄治学严谨，先后发表 SCI 论文和中文论文 20 余篇。其中，1982 年发表在《中华血液杂志》上的《169 例小儿急性白血病的疗效总结》是国内第一篇系统总结儿童白血病临床研究的重要论著，她也因此成为新华医院获得的首个卫生部科技进步二等奖"儿童急性淋巴细胞白血病的研究"项目的领军者。

夫妻之间是心灵相通的，好比织布机上的经线和纬线，相互交织在一起，谁也离不开谁。在王振义眼中，妻子不仅是自己生活中的伴侣、工作中的伙伴，更是心灵上的知音。同样的追求让他们走到一起，同样的刻苦、努力与钻研，让他们在不断的相互促进中，加深了对彼此的爱与依赖。

60 年后王振义重返旧居（2010 年）

　　爱情犹如一株种在地里的鲜花，结婚以前需要共同来种植，结婚以后更需要精心的灌溉。婚后，王振义与谢竞雄在生活上互相照顾，在工作中也互相帮助，共同发展和进步。回顾两人一起走过的医疗、教学和科研生涯，我们看到的是累累硕果，夫妇俩合作发表了一系列研究成果，包括《用红血球素代替血小板进行凝血活酶生成试验以诊断血浆凝血活酶因子缺乏症》《血友病的实验诊断》等论文。

　　1985 年，全反式维甲酸的首次临床应用也是在两人共同的努力下，冒着极大风险进行的。可以说，王振义的成就离不开谢竞雄一直以来的支持。

　　1996 年，王振义决定将自己获得的"求是杰出科学家奖"的100 万元奖金捐给研究工作时，谢竞雄不仅没有反对，反而还十分支持丈夫的决定。多年来，夫妻两人始终过着清贫简朴的生活，他们从无怨言，因为在他们心中有着同样的医学理想。60年来，这对医学伉俪一直相濡以沫，相敬如宾。不幸的是，谢竞雄在晚年患了阿尔茨海默病。多年来，王振义在坚持工作的同时，也将自己很大一部分精力投入对妻子的精心照料之中。

王振义和谢竞雄（1998 年）

人生就像一出戏，有时欢乐，有时悲哀。2010年10月，谢竞雄因病住院，这让王振义倍感心痛和焦虑。86岁高龄的王振义不仅亲自为妻子配制食谱，还坚持每天到医院探望。他在心中对妻子总有一些歉疚之情。他说，自己年轻时，一心扑在工作和研究上，对爱人关心不够，就连她分娩时，也没有陪在她身边。

春节全家福（2007 年）

父母是孩子们的第一任老师，每一句话、每一个行为都会影响孩子的成长。王振义对妻子的关爱、对家庭的负责也在子女的心中烙下了深刻的记忆。

长子王志群说："父亲对母亲的精心照顾教会了我们什么是男人应尽的责任。母亲患病16年，近6 000个日日夜夜，他始终孜孜不倦地探究病因与治疗，不断地调整母亲的用药，希望能使母亲的病程再减慢一些。母亲到后来完全无法交流，但父亲还是坚持每天拉着她的手陪她说话，揣摩她的心理，为她做各种事情。每次母亲吐了，他都仔细地趴在地上为她擦拭；当母亲大便困难的时候，父亲还亲自戴上手套为她抠出大便。家里虽然有保姆，但是父亲并不是把病重的母亲完全交给保姆自己撒手不管，而是每次关键时刻都挺身而出，细心地照料和呵护妻子，为我们子女做出榜样。他希望我们也能热爱家庭、爱护妻子、照顾子女。"①

王振义夫妇不仅为人类的医学事业做出了重要的贡献，他们还以自己真挚的爱情向我们诠释了婚姻和家庭生活的真谛。

# 四、子承父业

王振义、谢竞雄夫妇共育有三个儿子。

长子王志群，1951年出生，1969年到安徽插队落户，由于表现出色，被推荐到安徽太和县化肥厂工作，后调往安徽马鞍山钢铁厂工作。他在工作期间不断努力充实自己，从基层做起，从动

---

① 王志群：《我的父亲王振义》，《瑞音》2011年1月。

力车间的钳工、设备科的助理工程师，一直升任至厂长，2001 年回到上海，任兆维科技发展有限公司总经理。上海兆维科技发展有限公司主要从事核苷、核苷酸系列产品和分子生物学试剂的研发和生产。到目前为止，上海兆维是国内少数几家能够生产高品质dNMP（脱氧核苷一磷酸）、dNTP（脱氧核苷三磷酸）、dUTP（脱氧尿苷三磷酸）、dITP（脱氧肌苷三磷酸）、NTP（核苷三磷酸）和 5-BrdU（5- 溴 - 脱氧尿苷）等产品的公司。王志群在工作中努力学习国内外新信息和技术，不断充实自己，完善自己的知识结构，并且与中国科学院上海分院各有关研究所建立了良好的技术合作关系，可以说他是和公司一同成长的。

次子王志勤，1953 年出生，1969 年到黑龙江嫩江县七星泡农场工作，后被推荐至吉林化工学校学习。1980 年回沪，到二医生化教研室工作，后毕业于二医检验系。1991 年赴美国纽约医学院微生物及免疫系进行博士后研究，主要研究方向是"HIV/AIDS中获得性免疫调控的机制"，以第一作者发表了 20 多篇 SCI 文章。

王振义夫妇和王志群（中）、王志勤（前排右一）、王志刚（前排左一）（1955 年）

王志群（右）、王志勤（左）、王志刚（中）
（1958 年）

他是中国最早参与艾滋病病理学研究的少数研究者之一，首次在体内证明 HIV 病毒 GP120 蛋白的免疫复合物在 CD4+T 细胞缺失中的重要作用。在美国工作期间，他还证明了抗淋巴细胞自身抗体在 CD8+T 细胞缺失中的作用。2002 年回到祖国，在国家人类基因组南方研究中心担任副研究员，参与血吸虫病基因组免疫相关的研究。此外，他还在天然免疫负反馈调控机制在败血症及败血性休克中的调控作用的研究中取得了重要进展。

三子王志刚，1954 年出生，曾在上海焦化厂工作，1979 年考入上海第二医学院医疗系本科，毕业后留校任病理系教师。1988 年赴美国纽约医学院进行博士后研究，并于 1991 年开始攻读微生物及免疫博士。1995 年博士毕业后，先后在美国国立医学研究院（National Institutes of Health, NIH）、哈佛大学医学院百瀚和妇女医院（Harvard Medical School, Brigham & Women's Hospital）、哈佛大学医学院丹娜法伯肿瘤研究中心（Harvard Medical School, Dana-Farber Cancer Institute）从事乳腺肿瘤病理研究。目前是哈佛大学医学院副教授，在《自然医学》（*Nature Medicine*），《美国科学院院报》（*Proceedings of the National Academy of Science of the United States of America*，*PNAS*）等国际一流杂志上发表了关于乳腺肿瘤遗传学研究最新进展的论文。

在儿子们的眼中，父亲不仅是一名卓越的科学家，更是一名养育了三兄弟的伟大父亲。在他们的记忆中，王振义始终对他们保持着父亲的威严，以身作则，不苟言笑，对他们的学习生活等各方面都要求严格。

王志群在回忆父亲的时候深情地说：

虽然父亲对我们要求很严格，但是却从来没有骂过我们"怎么这么笨"之类的话，因为他知道要保护孩子的自尊心，自尊才能自爱，自爱才能自强。他也从不对我们撒谎，对于孩子们提出的无法回答的问题，他只是沉默以对，避而不谈，但绝不说谎，以此教我们做一个正直的人。

父亲对我们非常关爱，当我们三兄弟到黑龙江、到安徽等地上山下乡，他都不远千里，一个一个地看望自己的儿子，给我们鼓励，给我们勇气，告诉我们对生活不要过于挑剔，对工作也不要过于挑剔，只要善于学习，做任何事都会有出息。

在我成长的路上，父亲身教重于言传，给我留下了深刻的印象。父亲做过很多工作，对每个工作他都兢兢业业，从无怨言。我很小的时候他在广慈医院内科四病区，因为心中放不下病人，所以每个周日他都带我到医院

王振义与王志刚一家（2001年）

王振义夫妇和王志群（后排右一）、王志勤（后排左二）、王志刚（后排左一）（1967年）

来，认真地查看病史，调整用药，不放过任何一点疑问。他调到二医大病生教研组后，除了教学备课，对待实验用的兔子和荷兰鼠饲养也很认真，他非常关心兔子和小鼠的生长状况，每个周日都带我到实验室来给它们喂食。父亲因为忙很少带我们出去玩，但是能够看看兔子和荷兰鼠，也给我们的童年增加了许多的欢乐。

有一段时间，父亲调去了嘉定卫校做老师，与做二医大老师比，到嘉定卫校似乎社会地位一下子降低了很多，但是我从来没有听到他有任何的沮丧、不满或者牢骚。"文化大革命"时，我去嘉定看他，他衣衫褴褛地在扫地，他看着我的眼神似乎在祈求我的理解，我被深深地打动了，我深信父亲是个好人。

后来父亲又到了安徽皖南的五七干校。他当时做好了做一辈子赤脚医生的准备。认真学习中医中药理论，用草药治好了很多当地农民的疾病，也使他的科学思想

王振义夫妇和王志勤（右一）、王志刚夫妇（左一、右二）（1994年）

中增加了中医辩证施治的理论。这些当初看起来毫无意义的事情，却都为他后来的成功奠定了基础。

父亲一直都在努力学习，他给我们最深的印象就是看书的时间特别多，上班的时间特别长。我记得他年过六旬后开始学英文，他利用一切时间听英文广播，练英语发音。靠着电视和广播，父亲练出了一口好英文。他任二医校长时已经可以不用翻译直接与来宾交谈了。[1]

---

①王志群：《我的父亲王振义》，《瑞音》2011年1月。

# 第二章

# 从学海到医海

　　20 世纪初的思想革命运动，不仅给中国社会的传统文化带来冲击，也给中国的教育体系摆脱封建束缚带来机遇。现代教育理念的萌芽与发展，让中国的教育以一种更为开放的姿态面对世界多元文化。上海因其在中西文化交流中的特殊地位，走在建立现代教育体系的最前沿。与此同时，以"科学"和"民主"为核心标志的新思潮进一步提升了西医在社会大众中的认可度。人们对西医态度的转变缓和了中医与西医间的冲突，并且为两者的相互吸收、融合，共同推动近代中国医学事业的发展提供空间。王振义就是在这样的氛围中走上漫漫求学路，并与医学结下不解之缘的。

# 一、"在萨坡赛小学打下基本功"

　　7 岁时，王振义被父亲送到了家附近的兴中小学上学。严谨的家庭教育让年幼的王振义早早认识到了学习的重要性，好问"为

小学时的王振义（1936 年）

什么"的天性更让他对学习增添了一份兴趣与动力。为了让孩子受到更好的教育，四年级时，在父亲的安排下，王振义与大哥王振仁一同转入位于法租界萨坡赛路、以教学质量高闻名沪上的萨坡赛小学继续学业。这是一所天主教教会小学，前身为华童公学，由法租界公董局慈善会于 1932 年创办。这所学校与一墙之隔的震旦大学有着密切的联系。王振义入学时，正逢从比利时鲁汶大学

留学归来的震旦校友胡文耀<sup>①</sup>任校长。在数学和物理领域享有盛誉的胡文耀当时不仅是震旦大学的校长，还兼任着震旦附中和萨坡赛小学的校长职务。

原震旦天主教博物馆（2011 年）

20 世纪 30 年代初期，尽管中国社会仍处于列强的压迫之下，但这也是民族资产阶级的黄金时代，在国力增强的同时，埋藏于国人心中的那份民族意识也被触发了。中国人民开始在各领域中与帝国主义、外国教会势力展开不同程度的斗争。在教育领域中，收回教育权运动就是其中的典型，人们要求教会学校必须聘用中国人担任校长并向国民政府立案。为了震旦大学的稳定发展，震旦大学于 1932 年 12 月正式向国民政府教育部申请立案，并从震旦校友中挑选了胡文耀担任第一任华人校长。尽管胡文耀顶着校长的头衔，实际上，聘请中国人担任校长只不过是法方的权宜之计，胡文耀在震旦大学的具体行政事务中并没有多大的实际权力。<sup>②</sup>

胡文耀（1885—1966）

①胡文耀（1885—1966），字雪琴，浙江鄞县人，一级教授。1908年毕业于震旦学院，后赴比利时鲁汶大学深造，1913年获理学博士学位，与翁文灏、孙文耀并称"震旦三文"。历任北京大学理学院、北京高等师范学校教授，北京观象台编辑。1932年起任震旦大学校长。新中国成立后，任二医副院长，中国天主教爱国会副主任，上海市天主教爱国会主任，第一届全国政协委员，第一、二、三届全国人大代表。
②震旦大学在办学和行政机构设置上并无任何改变，学校的最高行政机构是校董会，设常务校董一职，实际相当于校长，长期在校，学生和教职员均称之为"院长"。常务校董握有管理全校之权，而实际行政工作则在教务长之手。教务长也都由外籍教士担任，集总务、教务、训导于一身，总揽行政大权。胡文耀虽任校长职务，但他的大部分时间都在萨坡赛小学处理政务，仅在震旦大学典礼或对外应酬时代表学校出席，对学校的一切内外行政均无权过问，校内一切行政大权都掌握在常务校董尔孟手中。

王振义重返母校（2010年）

不过，这也让胡文耀有更多的时间和精力去管理震旦附中和萨坡赛小学的具体事务。虽然王振义在就读期间没有与这位校长有深入的接触，但是在他眼中，这位操着一口地道宁波话的长者，戴着金丝边眼镜，穿着长衫，一眼看去像个老学究，其实是一位知识渊博的大科学家，是自己学习的榜样，王振义对其既尊重又崇拜。

在萨坡赛小学学习的经历对王振义而言是难忘的，正是小学期间学校的严格要求帮助他养成了良好的读书习惯。他回忆道："学校要求学生必须要用功学习。例如，每次上课前，老师都会要求学生到讲台上去背一篇课文，内容以中国传统文化中的孔孟之道为主，旨在锻炼学生的记忆能力和表达能力。这种基本功的训练对我后来的学习很有益处，同时也给我打下了扎实的中国文化基础，让我学会了为人处世的原则。"

转入萨坡赛小学前夕，王振义全家就从陈家浜的旧居搬迁到法租界金神父路明德坊的新房（现瑞金二路231号）。新居由一栋三层的主楼和一幢二层的副楼构成，在房子的南面有一个约200平方米的小花园，花园中有一座小型假山作为装饰，西侧还有一个面积不大的院子，王振义和兄弟姐妹们就经常在花园和院子里玩耍嬉戏。

王振义是个读书用功的好学生，但并不是那种只会读书的书呆子，他十分擅长安排自己的作息时间，懂得如何合理地分配学习与玩耍的时间与精力。每天放学后，院子里就热闹起来，小朋友们聚在一起玩"萝卜干"——在地上画一个圈，大家依次从远处甩小刀过去，小刀落下的地点越接近中间，得分越高。王振义在那时曾学溜冰、骑自行车。学自行车时，他几乎没怎么摔跤，因为他腿长，快到摔倒时，脚一撑就站稳了。有时他也在院子里搬上几个长条凳子，上面搁一块搓衣板，当中架一根小竹竿，和玩伴们打上一场乒乓球比赛。这些活动增强了王振义的体质，也让他从中得到欢乐。参加工作后，王振义在广慈医院乒乓球比赛中还拿过第一名。

新居的三楼是王振义与兄弟姐妹们学习和生活的地方。房间的正中央摆放着一张椭圆形的大桌子，他们时常围坐在一起看书、做功课，遇上难题或不懂的内容大家也会一起讨论，互帮互助。父亲对几个孩子的学习要求是十分严格的。尽管忙碌的工作让他很少有时间细致地关心每一个孩子的日常学习，但每到学期末时，他就会雷打不动地逐一查看他们的成绩手册，若谁有课程不合格，免不了手心挨打。让王振义颇感自豪，也让兄弟姐妹们刮目相看的是，他是家中唯一一个从没有被父亲打过手心的孩子。

## 二、为国家强盛而读书

因成绩优异，于振义在小学毕业前就已经获得直升到震旦附中的资格。好强的他并不满足于此，毕业前夕他还另外报考了享誉江南的名校上海中学①，令人遗憾的是他未能如愿，这也算得上

①上海中学创始于1895年，以教学卓著，与当时的江苏省立苏州中学、扬州中学和浙江省立杭州高级中学并称"江南四大名中"。

是他求学路上少有的一次挫折。

与萨坡赛小学一样，震旦附中也是一所以教育质量闻名沪上的名校，它是震旦大学优秀生源的重要基地。在震旦大学初创时，因当时旧制中学的毕业生不够报考大学的资格，很多学校都先设立预科，为正式开设大学课程做准备。预科以"西国普通学校课程"为主，"并打造法语基础"。[1]1928年，根据当时教育新学制规定，震旦大学进行学制改革，取消预科，改称附属中学。附中分为初中、高中两部，除教育部规定课程外，另授予法文、英文作为第二外国语。[2]

进入震旦附中后，王振义依旧勤奋好学，加之其天资聪颖，无论是西方的新知识，还是中国的传统文化知识，他都能很快地融会贯通，掌握其要义，每次考试，他都名列前茅，深受老师喜爱。学习上遇到问题时，他也会主动向老师请教，老师也经常在自己的宿舍接待这位优秀的学生，为他答疑解惑。

王振义回忆道："整个中学时代，我的主要精力就是专心学习。当时，学校规定每周考试一次，所以我把绝大部分的时间都花在了温课和准备考试上。通常我会提前两三天就把所有考试的内容都准备好，当别人还在考前抱佛脚时，我已经在操场上玩了。也就是在中学时期，我明确了要到大学继续深造的目标，要做一个有才能的人。"

在父母眼中，那时的王振义是个让人省心的好孩子，不用家长的监督就能自觉按时完成课业；在老师眼中，他是个尊师重教、勤奋刻苦的好学生，不仅善于思考，而且思维敏捷；在同学眼中，他

---

①震旦大学：《震旦大学建校百年纪念》，震旦大学校友会编辑出版，2002，第51页。
②震旦大学：《震旦大学建校百年纪念》，震旦大学校友会编辑出版，2002，第51页。

王振义在上海孙中山故居纪念馆（2010 年）

不仅是学习的榜样，更是位乐于助人的好伙伴，当同学有不明白的问题向他请教时，他总是不厌其烦地讲解一遍又一遍，直到同学领悟为止。

　　然而，王振义读中学时，正值日寇全面侵华的开始。淞沪会战后，日军占领上海，尽管震旦附中位于法租界内，在战争初期受影响较小，教学秩序也与震旦大学保持一致，但在整个抗战期间，震旦附中也出现过迫于战事而非正式停课的现象。例如 1937 年元旦，战事在离震旦附中数百米处激烈爆发，出于安全考虑，学校决定临时停课 24 小时。即便是在这样纷乱的局面中，王振义依然保持着努力学习的习惯，在知识的海洋中孜孜不倦地探索。老师、同学们经常能在校园的僻静处看见他用心苦读的身影。

　　初中毕业前，父亲卖掉金神父路的住宅后，在高安路另外购置了一块地用于建造新居。王振义与家人便一同搬入莫利爱路（现香山路）孙中山故居边的一幢楼房（现为上海孙中山故居纪念馆）中暂住了一段时间。就在家中门前的小路上，他目睹了国民党反动派暗杀中共党员和爱国人士的暴行，这让他对国民党反动政府产生了强烈的厌恶情绪。

　　面对国家贫弱、政府无能、百姓遭外敌欺凌的残酷现实，王振义既痛心又难过。他问父亲："为什么日本人在中国的土地上竟敢如此横行霸道？"

　　"这就是弱肉强食的道理。"王文龙回答他，"中国现在又贫又弱，所以遭受日本的侵略。我们的国家、政府没有能力保护自己的人民，日本人才敢为所欲为。"

"如何才能让中国不再受别人侵略，人民不再受欺负？"王振义接着问。

"国家强盛，社会发展，一定要依靠掌握先进知识文化的人。唯有国家发展了，民族强大了，才能免受他人的欺负，才能被世界尊重。"

报效祖国的壮志豪情在王振义心头涌起。王振义紧攥着拳头，信誓旦旦地说："我一定要好好读书，学习科学文化知识，长大后为国家的强盛做贡献！"

## 三、梦想在震旦医学院起航

初中毕业升入高中后，为了实现自己读大学的目标，王振义

震旦大学全景

用了两年半的时间完成了三年的课程。在
毕业前夕，因为对学校物理课教学内容不
满，担心影响考大学，他与董维祥、郑定
乐等几名同学一起参加了其他学校的物理
补习班。因为董维祥的数学和物理成绩较
好，所以王振义经常和他一起学习物理，
共同探讨相关问题。

学习中有这么多乐趣：上课、做作业、
与同学们交流……王振义只觉得时间过得
飞快。

大一时的王振义（1942 年）

1942 年，王振义以优异的成绩从震旦附中毕业，获得了免试
直升进入震旦大学的资格。震旦大学是当时沪上乃至全国著名的
高等学校，由爱国天主教徒马相伯于 1903 年创办。创办之初，

①震旦大学创办之初定校名为震旦学院，1932年定名震旦大学。

震旦大学校门 震旦大学长廊

马相伯的办学宗旨是把震旦学院①建设成为崇尚科学与真理、培养翻译人才的基地。他毅然宣称学校是研究学术的机构，不是宣扬宗教的地方。这显然与法国耶稣会的办学初衷大相径庭。1904 年，在教会的压力下，马相伯被迫辞职。1905 年 8 月，震旦大学在耶稣会的直接掌管下重新开学。历史上也将马相伯主事期间（1903—1904 年）的震旦学院称为"第一震旦"，而将 1905 年以后的震旦称为"第二震旦"。

1908 年，学校迁至卢家湾吕班路（现重庆南路）新校舍。耶稣会任命法籍教士韩绍康（H. Allain）担任院长。他参照欧洲大陆学制，把预、本科共四年的肄业期改为六年，设文学、理工、综合技艺三科，并授予毕业生学士学位，使学校开始步入正式大学的办学轨道。

1913 年，法国里昂医学院教授、里昂科学院院士文森特

（Eugène Vincent）博士奉命来华考察。在其回国后撰写的报告中，他说道："震旦是中国唯一以法语为主的大学，也是唯一能与同类英语院校媲美的大学。如果它是唯一能荣耀法国语言的学校，那就值得法国政府给予特别关注。因为，这还直接关系到法国在东方的影响。"作为一名医学教授，文森特博士还注意到"在英语占主导的学校中，准备学医的学生都去学德语了"。针对这一现象，他提出震旦应该建立医科，以推动法国医学在中国的传播。文森特的建议得到了法国政府和耶稣会的积极响应，他们加大了对震旦的资金和人力支持力度。

1914 年，南道煌（G. Fournier）任院长时，学校正式设立医科，学制四年，形成文法、理工和医学三科并起的学科布局。1915 年，姚缵唐（Hery）任院长后，聘请了多位法籍医学教授来校任教，并把学制由四年改为六年，教学则参照当时法国医学专业的课程设置和教学大纲，教材也以法国医学院教材为准。1932 年，国民政府教育部批准震旦大学的立案申请后，医科升格成为医学院，驻华使馆医师贝熙业（Dr. Bussiere）成为震旦大学医学院首任院长，震旦医学院也逐步发展成为全国著名的高等医学院校，其培养的医学生也以独特的行医风格赢得社会的赞许，形成了沪上三大医学派别之一的"法比派"。

对于震旦大学，王振义在读小学时就充满了向往。据他回忆，穿过萨坡赛小学西侧的校门就能进入震旦大学的校园，当时学校的很多大会也都在震旦大学大礼堂举行。出于好奇心，他也经常跑到大学校园里全方位地打探一番。如今，幼年时的梦想就将实现，摆在他眼前的最后一道考题就是选择攻读哪个专业。

对王振义而言，这并不是一个难以取舍的选择。他早就下定

震旦大学老红楼

决心选择学医，这不仅因为医生是一个救死扶伤的崇高职业，而且也与他小时候的一段经历有关。

祖母庄氏是王振义最敬爱的老人，他从记事起，就常常依偎在祖母的身边听故事，而聪明活泼的他也是祖母的开心果，兄弟姐妹八人之中祖母对他更是疼爱有加。在他7岁那年，祖母不幸患上了伤寒，病势凶险。当时，家里虽为其请到了沪上知名的医生前来诊治，但由于当时医疗水平有限，最终还是未能挽救祖母的生命，他和祖母从此天人永隔。

祖母的去世让年幼的王振义伤心不已，他的脑海中出现了一串大大的问号："为什么奶奶会因病去世呢？伤寒是一种怎样的疾病？人又是怎么患上这种疾病的呢？难道就真没有办法治愈了吗？"这让他幼小的心灵萌生了对医学研究的兴趣。

对医学专业的学生来说，在校的六年时间，前三年主攻基础课，后三年则为专业学习。在前三年中，最初两年专习博物，课程包括法文、哲学、化学、物理学、动物学、植物学、心理学、组织学通论，第三年起学习医学基础课，后三年则侧重于医学专业课程的学习。当时设有各类医学课程如人体解剖学、病理解剖学、精神病学、眼科学、耳鼻喉科学、皮肤病学、妇产科学、儿科学、外科学等，共 40 余门。[1]

针对医学学科的特点，学校还特别重视实践课程的设置，旨在提高医学生的独立思考、分析问题和实际诊疗的能力。[2]例如解剖学要求学生在第二、三学年每天要进行 2 小时的尸体解剖，三个学期中参加解剖实习总课时数达到 270 小时。[3]

为考察学生的学习效果和知识掌握的程度，医学院制定了周考、月考、学期期终考、学年年终考等各类考试规定。

作为学年年终考试的一种，科目证书考试要求最为严格：第一、二学年须在物理、化学、生物三科目（法文简称 P.C.B）证书考试中及格；第三至第六学年就有六组科目证书考试，从医学基础到临床各科目共 27 门，分期举行考试，主要科目还要进行笔试与口试。每项科目第一次考试不及格可补考，补考不及格则须留级。笔试试卷由两位教授分别阅评，口试由考试委员三人分别考问。

①李雪、张刚：《震旦：中华曙光——上海震旦大学》，《科学中国人》2007年第8期。
②董宝良：《中国近现代高等教育史》，华中科技大学出版社，2007，第88页。
③《私立震旦大学概况》，上海市档案馆档案，档案号：Q244-1-152。

王振义在震旦大学的成绩单

同时，六年中，每周六上午规定必有一门学科考试。每年有一门学科大考，合格者获得一张证书。六年里要获得六张证书才能参加最后的毕业考试。[①]这些考试均有法国使馆派人参与，全部考试合格后，方可颁发法国政府认可的医学博士学位证书。严格的教学要求使每年能从震旦医学院顺利拿到医学博士学位者少之又少。

俗话说"真金不怕火来炼"，"业精于勤荒于嬉"。这一切都没有难住勤奋好学的王振义。大学期间，他继续保持着认真努力的态度，校园里到处都留下了他用心苦读的身影。遇到不解的问题时，他总是一个人静静地思索。正是这种刻苦钻研的劲头让很多疑难问题在他面前迎刃而解。每次考试，他都能取得前两名的好成绩，深受任课教师的器重。大学一年级时，生物学教师看到他对学习充满热情，就时常叫他到自己的办公室中"开小灶"；二年级时，医学院院长、组织学教师富来梅（P. Flamet）个别辅导他做病理切片和染色，并培养他组织开展读书会活动。

在完成基础课程学习的同时，王振义还十分重视临床实践能力的培养。在外科临床学习时，他曾因病史写得好而获得学校的额外奖励——一本名为《急诊诊断学》的原版参考书。1944年夏，他到南教会创办的救济医院见习；1946—1947年，在好友的介绍下，他担任了南市救济医院的值班医师，每周日代替该院住院医师值班，有时也前往闵行疗养院代替住院医师值班；1947年夏，

---

① 《震旦大学关于震旦大学医科、法科及理工科的课程计划与考试（中法文）等》，上海市档案馆档案，档案号：Q244-1-756。

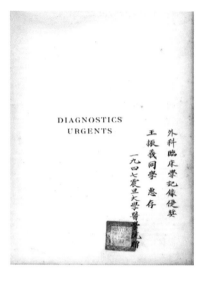

震旦奖励给王振义的《急诊诊断学》

他又在吴云瑞[1]医师的介绍下，到松江教会办的若瑟医院里工作了一个月，担任住院医师；1947—1948年间，他每周都随吴云瑞医师去南市安老院义务为老弱者诊病。

在不断探索医学知识的同时，王振义也十分重视法语的学习。法语教学是震旦医学院最突出的办学特色，除国文课程外，绝大部分课程都以法语作为教学语言。这就要求学生必须具备良好的法语交流能力。对王振义而言，他在小学和中学期间就已经开始接触和学习法语了，因而在语言交流上并不存在什么问题。但是，他清醒地意识到，要想更好地掌握医学前沿的最新动态，就必须不断加强语言能力，使自己能够更好地阅读原文资料，更多地向学校里的教授、专家讨教。因而，在课堂上，他仔细听讲，认真做笔记；课后，他反复咀嚼，自己去找原文资料阅读，找同学用法语对话交流，遇到不认识的字词时，他马上拿出笔和本子将它们摘抄下来，待查明词义后反复背诵。出色的法语能力为他日后事业的发展打下了扎实的语言基础。

在系统学习中国儒家哲学的过程中，王振义认识到它与医生

---

[1]吴云瑞（1905—1970），江苏松江（现上海松江）人。1930年毕业于震旦大学医学院，获医学博士学位。历任震旦大学医学院、上海第二医学院教授，是较早研究中医药的西医学者之一。

崇高的职业使命也是相互贯通的，治病救人、接济穷人、甘于奉献、不求回报正是每一个医生都应具备的职业道德。身处大学校园的王振义在学习之余，积极参与了各项服务社会大众的公益活动。在日后几十余年的从医生涯中，王振义也用自己的实际行动向世人诠释了何谓"医者，大德"。

震旦大学医学院 1948 届毕业生（王振义为三排左三）

## 四、震旦的"七个约翰"

王振义性格开朗，待人坦诚，很受同学的欢迎。1942 年高中毕业时，一位名叫吴福铸[①]的同学邀请王振义等要好同学到家做客。席间大家约定，为保持友谊，增进相互间的学习，今后将定期开展一些聚会活动。

①吴福铸，福建泉州人，就读于震旦大学法科经济系。

数次聚会后，常来出席的有陈佐舜①、杨建廷②、曹仲华③、吴福铸、罗远俊④、王振义、张传钧⑤七人，集体活动与交流不断加深了彼此间的友谊。由于他们受洗时都名为"约翰（John）"，大家遂决定以"七个约翰（Seven John）"的名义定期组织活动。

"七个约翰"在20世纪80年代相聚

共同的志向、兴趣使他们走到了一起。大学期间，他们经常会面叙谈，有时聚餐，有时郊游，但大部分时间还是用在相互帮助学习上，大家一起学习英语和法语，学唱歌、跳舞、拉小提琴，漫谈青年的修养，讨论人生问题。

①陈佐舜，广东人，就读于震旦大学法科经济系，擅长英、法等外语，大家常在他的帮助下进行语言学习。
②杨建廷，广东潮州人，起先在震旦大学医科读书，一年后因留级转至复旦大学读商科。
③曹仲华，就读于震旦大学工学院，1949年到杭州从事水力发电厂建设工作。
④罗远俊，南京人，就读于震旦大学医学院，擅长演讲和演出，学习成绩优良。
⑤张传钧，就读于震旦大学医学院，任广慈医院住院医师，后因患肺病辞去工作。

王振义（中）和罗远俊（右）在巴黎重逢（1991 年）

"七个约翰"对前途充满理想，他们想给不识字的穷人教书，建立一个现代化的城市，为人类做出贡献，将中国从日本的桎梏下解放出来。然而，这一理想在当时简直是可望而不可即的。日军的控制越来越严，最后达冲入法租界，占领震旦大学校园。一天早晨，"七个约翰"发现学校足球场上挖起了战壕，医学院也迁到了博物馆内，食物储备逐渐减少，残酷的现实告诉他们战争正在激烈地进行着。日军占领学校后，强迫大家学日语，在日军旗帜前下拜。为了维护中国人的尊严，每次进入校园，"七个约翰"都有意绕开日军驻地。

这几个人中，与王振义最要好的要数同在医学院求学的罗远俊。两人在班上既是竞争对手，又是相互促进的好朋友，每次考试的前两名总是被他俩包揽。他们没有因为学习上的竞争而产生嫉妒，相反亲密无间，常常在一起学习备考，遇上不明白的问题也时常一起讨论，相互帮助。王振义在总结他们这种竞争与合作并存的关系时说，两人都遵从"实事求是"和"诚实为人"的准则是促成这一和谐关系的重要原因。他还清晰地记得，在大学三年级的一次考试中，学校公布的成绩显示，王振义排在第一，罗远俊排名第二。王振义仔细核算了各科成绩后发现罗远俊的成绩比自己高，就主动向教务长提出纠正。让王振义感到自豪的是，在最终的毕业考试中，他的成绩超过罗远俊，排在第一。

　　毕业后，罗远俊在瑞金医院做了一年外科医生就到法国留学去了。当时学校承诺，震旦毕业的医学生所取得的学位，法国政府是承认的，证书上也确实盖有法国教育部门的印章。但事实上，罗远俊到了法国之后，才发现法国政府不但不承认其医学博士学位，而且还要求他必须通过法国举行的执业考试。他不得不在法国重新学医近十年，才获得在法行医的资格。罗远俊的经历让王振义对法国人的"傲慢"和在华办学的真实目的有了新的认识。

王振义夫妇与几位"约翰"在全球震旦校友联欢大会上合影（1992年）

难能可贵的是，长期生活在法租界并接受法式教育的王振义能够在中法文化的交流与碰撞中保持一份清醒的意识，在吸取法国文化精髓的同时，也从许多细节上看到了法国文化的弊端，真正做到"取其精华，去其糟粕"。

正是这份独立的思辨能力和善于各取所长的智慧不断丰富着他的人生观与价值观。1953年，王振义在参加抗美援朝医疗队回沪后，曾写信给罗远俊，告诉他国内建设的新气象，劝他回国参加祖国建设。在罗远俊留法期间，王振义还经常到罗母家去看望老人家。

"七个约翰"的友谊对他们每个人来说都是十足珍贵的，大学毕业后，他们还是会找时间小聚一番。然而，随着时间的推移，每个人选择了不同的人生道路，相聚的机会也越来越少。1992年，他们中的五人重逢在全球震旦校友集会上。故友团聚，自然有叙不完的话题。罗远俊高兴地说道："我们当中最有名的要算是王振义了，他获得了肿瘤学界的诺贝尔奖——凯特林癌症医学奖，又是法国科学院外籍院士，在血液学领域中享有盛誉。"王振义回答道："我们要感谢小平同志。没有他，中国的科学事业和教育事业不会取得今日这般成绩，我们也不可能有那么好的机遇重新投入到科研工作中。如今，我们对前景充满希望，并努力让自己去适应它。我想，正是有了改革开放，才有我们今天的成绩。"

是啊，每个人都是一滴水，正是这一滴滴水奔涌成江，汇聚成海，共同推动了时代的发展和进步。

第三章

# 在广慈大放异彩

西医东渐的历史进程客观上推动了中国近代医疗事业的发展。西医的传入与被接纳、现代医院体系的形成，从理念和制度两个层面打破了中国传统的医疗模式。在上海的诸多医院中，创建于1907年的广慈医院（现瑞金医院）以其不断扩展的规模、优质的医师队伍和精湛的医疗水平赢得了"远东第一大医院"的美誉，成为中国医学最高水平的代表之一。对每一个医学生而言，能够进入广慈医院就是对自身实力最好的肯定。尽管早在1914年，广慈医院就已经成为震旦大学医学院的教学实习医院，但是，在每年震旦大学医学院的毕业生中，只有毕业成绩排名前三的优等生才有资格进入其中从事医疗工作。1948年，王振义以第一名的成绩从医学院毕业，获得医学博士学位，并顺理成章地进入广慈医院，成为一名内科住院医师，开始了自己的从医生涯。从此，他的手、眼、脑、心，一切都随着病人转。

"余于病患，当细心诊治，不因贫富而歧视，要尽瘁科学，随其进化而深造，以造福人类"，这是震旦大学医学院的毕业誓词结尾。王振义将其作为自己从医的座右铭，成为他一生恪守的信条。

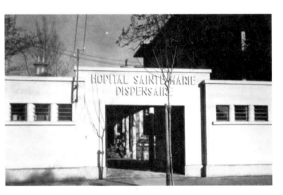

广慈医院大门

广慈医院

# 一、恩师邝安堃

在近代医学兴起之前，无论是西方古典医学，还是中国传统医学，都是以师带徒的方式传递教授医学知识与技能的。近代医学教育体系的建立，打破了这一传统模式。但是，从知识谱系的传递角度来看，师承关系仍具有重要的作用。

邝安堃（1902  1992）

如果说王振义带领的学术研究团队已经形成了一种"学术家系"的话，那么开启这个家系的人，即王振义学术研究思想的起点，当追溯到他的老师、著名内科学家、一级教授邝安堃医师那里。王振义曾明确指出："我们的学术思想主要是来自上一代。我的老师从法国回来以后，他一方面是看病，一方面是上课，一方面是搞科研。"

著名内科学家、一级教授邝安堃是当时广慈医院的内科主任。

1919 年，年仅 17 岁的邝安堃被推荐到法国留学，翌年便考入里昂化工学院，师从世界著名有机化学家格林尼亚（Grignard）。1923 年，他转入巴黎大学攻读医科。当时，法国医学在国际上享有很高的地位，其医学教育也以严苛而著称。1929 年，邝安堃成为第一个通过法国住院医师考试的中国人。1933 年，面对处于内忧外患的祖国，刚刚获得巴黎大学医学博士学位的邝安堃毅然放弃了法国优越的待遇和生活条件，返回国内，立志要"把在国外学到的知识贡献给祖国人民，振兴祖国的医学事业"[1]。回国后，他受聘于震旦大学医学院，担任内科学教授。

---

[1]章米力：《鞠躬尽瘁止于至善——记瑞金医院内科奠基人邝安堃教授》（未刊稿）。

　　1944年，邝安堃就以任课教师的身份教授王振义内科学。他上课从不带讲义和课本，知识早已在他的脑袋里，他总是出口成章，娓娓道来。一支粉笔、一块黑板，就是他为学生上课的工具。王振义很爱听这位大教授生动有趣的课，但是同时也需要有高度的自觉和勤奋才能跟上进度。每次课后，同学们互相交流笔记，将笔记整理在一起，交由打字好的同学打一遍，再油印给各位同学。邝安堃在自述中总结道："教课时，我努力做到四件事情。一是教的东西自己必须熟悉；二是备课要根据世界医学最新发展增减；三是根据不同对象确定教学方法，深入浅出；四是要脱稿讲课，精神饱满，语言清晰，注意学生的表情。"在邝安堃严谨的教育理念和严格的教学风格的熏陶下，王振义打下了扎实的医学理论基础。

广慈医院

对王振义而言，进入广慈医院并能够在邝安堃的指导下进行临床诊疗的学习和实践，实在是一次宝贵而又难得的机会。他如饥似渴地学习着，想要尽可能多地从老师身上汲取知识与技能，努力提高自己的临床医疗水平。在他眼中，邝老师就像一艘船，满载着知识和力量，驶进学生们那一个个心灵的港湾。

当时，住院医师的工作量非常惊人，王振义一个人就要管理48张床位。上午查病房，夜晚值班，第二天在传染病房（现感染科）值班，要看护几十个患者。好不容易等到天亮，却又要再去查房，第三天下午才轮到休息，辛苦可想而知。尽管天天忙得不可开交，他仍然在认真完成每一项临床工作的基础上挤出时间，抓紧机会向老师求教。

邝安堃注重培养王振义等年轻住院医师思考、分析、表达和解决问题的意识，增强临床上与病患沟通的能力。他找来两只坚固的肥皂木箱，当作住院医师轮流试讲的讲台，用来锻炼他们的表达能力和思维。

起初，王振义认为这样的演讲方式不算什么。他觉得站到木箱上演讲，不过是比平地上高几十厘米罢了，除此之外没有什么不同。可是真正站上木箱试讲时，情形就完全不一样了。第一次站上木箱时，王振义感觉嗓子眼里像是被异物卡住一般，小腿也不由自主地哆嗦起来。脑子里更是一片空白，准备的演讲内容竟然全部忘记了。

为何自己会在木箱上如此紧张呢？王振义很是纳闷。邝安堃教育他说："你千万不要小看这两个木箱子，也不要小看这几十厘米的高度。这就是一个演讲台。随着所处位置的变化，你给自己很强的心理暗示，告诉自己是在演讲，因此才产生了不同于平时讲话的紧张感。要克服这种紧张，就要去习惯，去适应演讲。"

王振义明白了老师的良苦用心。此后，每次的木箱讲演训练，王振义都会认真努力地完成。邝安堃也都会在一旁认真倾听，指出他的不足之处并加以改正，直到学生的表现令自己满意为止。在老师手把手的教导下，王振义的演讲水平得到了显著提高。

王振义在上海（1949 年）

邝安堃对待医学问题一丝不苟，教育学生非常严格。王振义回忆道：邝安堃经常带着实习医师和住院医师一起查房。他不允许学生拿着病史照本宣科，而是要求大家必须脱稿汇报，以考验学生对患者病情的了解程度；他还时常用法语进行讲解，与实习医生交流；同时，他还要求大家做到"小病讲 1 小时，大病讲 5 分钟"。具体来说就是，哪怕是一个很常见的小病，邝安堃都要求学生从发病原理讲起，详细地阐述 1 个小时才罢休；而一个罕见而复杂的大病，他却要求学生能够在 5 分钟之内就把精要总结完毕。这看

似是在练习 "大而化小、小而化大" 的语言表达能力，实则是让学生在这个过程中全方位地理解各种疾病，而不仅仅停留于皮毛。

语言是思维的材料和工具，也是思维结果表达的载体和工具。同样，问题的表达要借助语言。让处于混沌、无序状态的思维变成清晰、有序的问题需要逻辑化思维和语言表达的训练。这些技能的训练让王振义受益匪浅。几十年后，已经是国际著名医学专家的王振义仍然无法忘记老师的恩情，每每谈起自己的成就，总是要感谢老师的培养："我的业务水平全都是在邝医生的培养下积累起来的。"

在王振义的印象中，邝安堃是一位治学严谨、精益求精、严于律己的医学大家，对待医学问题一丝不苟，对待学生严谨认真。他时常告诫大家："做学术不要只做人家做过的事情。"每当医学上有新发现时，他总是在第一时间将信息传递给大家，并启发、引导学生培养起独立思考的习惯。

性情坦诚的王振义也曾有过"冒犯"恩师的经历。

在一次查房过程中，邝安堃按惯例将国际医学领域的一些新知识和新疗法讲给学生听。细心的王振义发现老师所讲的知识确实很重要也很有创新价值，但与眼前的实际病例却无多大的联系，因而大胆地向老师提出了"挑战"："邝教授，您讲解的这一新疗法非常重要，也很有创新性，但结合患者不够。"其他学生听到这话，神情都非常紧张，一个劲儿地对王振义使眼色，叫他不要再说下去，担心这样会使老师不高兴。

邝安堃却没有不悦。他鼓励王振义把内心真实的想法表达出来。等到王振义讲完了，邝安堃才对学生们说："王振义讲得很对。疗法虽然是新的，但必须结合临床实际，才能发挥它的作用。

所以，这个疗法具体是如何实施的并不重要，重要的是为何会产生这样的疗法，思路是怎样的，其中蕴含的医学新的理念是什么，这些远远比疗法本身更具有启发性。"

这次小"冲突"不仅没有破坏师生间的情谊，反而促进了彼此进一步的坦诚交流。邝安堃更加关注王振义了，对这名敢于提出挑战、勤于思考的学生寄予了更大的期望。

王振义（后排右三）等参加改革开放后的第一次全国内科学术会议（1980 年）

在邝安堃的精心指导下，王振义秉承了恩师身为医学大家的优良风范，知识渊博、思维敏捷、口齿清晰、侃侃而谈，在临床查房、讲课、病例讨论等过程中表现出杰出的专业素质和业务水平。王振义不负众望，在血液学的研究中取得了一系列引人瞩目的成绩，与陈家伦①、龚兰生②、董德长③一同被大家称为邝安堃的"四大弟子"。后来，邝安堃的这四位高徒分别成长为各自领域的一流医学专家。每年春节，尊师重教的王振义都会召集师兄弟们一起登门拜访恩师。

王振义从恩师邝安堃身上学习到的不仅有严谨的治学态度、丰富的医学知识，还有公而忘私的高贵品质。

中华人民共和国成立初期，为进一步发展国家医疗卫生事业，让广大人民得到更优质、更公平的医疗服务，党和政府对医疗卫生制度进行了相应的调整，号召解放前和解放初期自行开业的医生放弃自己的私人诊所，积极投入公立医院的医疗服务。为人民的医疗事业贡献力量是邝安堃的夙愿，他二话不说当即关闭了自己的诊所，全身心地投入广慈医院的医疗工作。在他的带领下，很多知名的医师也纷纷结束自己的私诊生涯，加入公立医疗服务的队伍。

"邝老师，您关闭自己的诊所时，心里有没有一点不舍呢？"王振义曾这样问恩师。

"没有什么不舍！"邝安堃斩钉截铁地回答，"作为一名医务工作者，我最大的职责就是治病救人。关闭私人诊所，看上去是少了一些挣钱的机会，自己利益受到了损失，但是医者的职责得到了更大的体现，人生价值得到了更大的体现。这何尝不是对自己工作的回报呢，何尝不是对自身利益的满足呢？"

---

①陈家伦（1926—2020），毕业于震旦大学医学院，内分泌学专家，曾任上海市内分泌研究所所长。
②龚兰生（1923—2022），毕业于震旦大学医学院，心血管内科专家，曾任上海市高血压研究所所长。
③董德长（1922—2012），毕业于震旦大学医学院，肾脏内科专家。

王振义（前排左二）主持邝安堃教授接受法国骑士勋章的仪式（1985年）

　　邝安堃的一番话令王振义非常敬佩。他为自己能有这样一位心系人民、无私奉献的好老师而深感骄傲。

　　1956年，在王振义升任讲师的鉴定表中，邝安堃曾这样评价他："王振义医师对待工作认真负责，对待病员细心热忱，有高度的组织能力和出色的科研能力。在从事医疗工作的同时，尚担任医疗系的教学工作，他备课充分，讲解清楚，学生反响热烈，教学效果良好。"

　　1992年，90岁高龄的邝安堃逝世后，王振义发表了《怀念您，邝老师》一文。他在文中深情地写道：

　　我以万分悲痛的心情，哀悼邝安堃教授的逝世。他的去世，无疑是二医大和医学界的一个无法弥补的损失，因为他不仅在内分泌学和中西医结合研究方面取得了杰出的成就，而且在医学教育方面也作出了重大的贡献。二医大乃至全国许多知名教授和学者，都是他培养出来的门生，他的桃李满天下。我是邝教授的学生，1942年当我进入震旦大学医学院念书的时候，他已经是内科教授。毕业后，我留在广慈医院工作，直到他去世之前，我一直是在他的指导和关怀下成长起来的。因此，对他的逝世，感到格外难过和怀念。他那渊博的学识，精湛的医疗技术，周密的临床思维方法，严谨的科研和治学态度，都给我留下不可磨灭的印象，尤其是他的"不耻下问，学无止境"的精神，更为我树立了光辉的榜样。

　　邝安堃教授在取得了法国巴黎大学医学博士的学位后，又在众多的法国和外国毕业生竞争中，取得了巴黎"法国国家住院医师"的称号。这一称号只授予法国医学教育制度下，职称体系中的优秀者，至今他是唯一取得此荣誉称号的中国人，受到中法两国同道的尊敬。他是我国少数一级教授中的一位。一般来说，一位在学术上有此崇高地位的权威人士，很少会恭拜在他人脚下，邝教授却不然。1952年二医成立后不久，他担任了二医的内科教授。为了适应新的教学需要，邝教授立志进一步提高中国语文水平，请了一位中文老师，向他学习书写、古文等。数年后，他终于能写出秀丽的字体，并能运用文学词汇，使他的报告和演讲更为生动。为了弘扬祖国医学，邝教授从不懂中医中药，决心拜名中医为师，到在中西医结合取得很大的成绩，成为国内知名中西医结合的学者和领导者之一，这一过程反映了邝教授在治学上的毅力。更有甚者，当他年过七旬退居二线时，他开始学习第三国外国语德语，希望能通过多国外语，吸取国外经验。邝教授之所以能够成为当代享有崇高声誉和受人尊敬的教授，这与他虚心学习、刻苦钻研的精神是分不开的。

邝安堃老师虽已离别了我们，但他的光辉形象和模范榜样将永远铭刻在我们的心中！①

## 二、为民解忧的工会主席

王振义到广慈医院工作的第二年，就盼来了上海的解放和中华人民共和国的成立。与他一同进入医院工作的"七个约翰"之一张传钧回忆道：上海解放前的一个夜晚，他与王振义还有几位同事一同靠在医院走廊的窗前向外张望，等待着局势的进展。大家既兴奋又不安地看着出现在大街上的军队，不知道即将到来的一切是新的开始还是旧的延续。在国民党反动派严密的信息封锁和恶毒歪曲的宣传下，很多民众对中国共产党的认知是模糊的，甚至是错误的。

广慈医院的青年医生（史济湘为左一，张传钧为左二）

① 王振义：《怀念您，邝老师》，《上海第二医科大学学报》1992年第488期。

突然，在不远处的法国梧桐树下，传来一阵有节奏的脚步声。没有军号，但部队很快就聚集在医院前马路的两边。许多士兵穿着米色的军装，帽上带着红星，脚上穿着传统的布鞋，小腿上绑着白布。"他们是多么有纪律的部队啊，与国民党军队粗暴对待百姓、只想自己享乐相比，共产党的军队就是不一样，他们睡在路旁，帮助市民修路，与老百姓分食西瓜，因为他们要打破不平的惯例。"王振义情不自禁地说道，"哼，国民党，活该，最好早点离开这里！"就在这一刹那，王振义被共产主义信仰深深感染了，对即将到来的新中国充满了希冀。多年后，在面对法国记者的采访时，他以肯定的口吻说道："当时的生活水平提高了，道德观念提升了，社会安定，有一个阶段可以夜不闭户。"

国家呈现出的新景象让踌躇满志的王振义充满斗志。他开始在工作、学习和研究之余，积极投入医院的群众工作。事实上，在进入广慈医院不久之后，他就时常代表群众对医院里存在的问题和不合理现象进行斗争。当时，医院正准备向平民医院的方向发展，因而对医生的数量有着更高的需求。但是，保守的教会组织和院方希望通过控制医生数量来降低开支，同时继续沿用大部分做满一年的实习医生，让医生自行在外开业以保持给医生的低工资，对在院工作的住院医师也不提供住宿。[①]院方的这些做法既不符合医院发展的实际要求，也严重损害了医务员工的利益。王

---

①王振义自己就曾受到过这种不合理政策的对待。工作一年后，医院方面曾让他自行到外开业。王振义觉得自己从医的目的并不是赚钱，而是治愈病人，为人们的健康做贡献。为了实现这一理想，他曾计划报考北京协和医学院，到那里继续自己的医学生涯。后因工会有力的斗争改变了医院的工作与学习环境，王振义选择继续留在广慈医院。

振义随即组织广大医务人员向院方提出交涉。迫于群众的压力，医院方面接受了王振义等提出的各项要求，不仅提高了医师的薪资待遇（发放了年终奖金）、为住院医师提供了临时的住宿，还通过扩招录用有能力的震旦医学毕业生来增加医生数量。1949年和1950年两届震旦医学毕业生大部分都进入广慈医院工作，他们中就包括了以后成为著名内分泌专家的陈家伦等。

还有一次是在解放初期，因医院里许多外国医生相继离开，院方聘请了一位中国医生任儿科主任。但此人只通学理，在临床方面并无所长，引来了同事们的不满。王振义在了解情况后，认为临床科室的主任不善于临床诊治是不利于科室发展的，就将群众的意见反映给领导方面。医院在了解之后，及时进行撤换，另聘请儿科学泰斗高镜朗就任儿科主任，开启了瑞金儿科发展的新篇章。

1949年下半年，上海市总工会着手在医务系统内建立工会组织。由于王振义一直代表群众向院方争取合法权益，又是医院医生联谊会的主要组织者，他被大家推选为医生代表参加广慈医院工会的筹备工作。工会成立后，他又被群众和组织共同推选为院工会副主席。工会工作在解放初期的各项建设工作中扮演着重要的角色，工作内容也十分广泛。时任广慈医院工会主席龚静德回忆道："王振义在医院工会中具体负责管理业务生产、联系高级知识分子和动员医生群体等工作。他在提高医疗业务质量、促进医院制度改革和协调医院内部各部门之间业务合作方面发挥了重要作用。通过召开生产工作会议的方式，他合理地协调了不同医务部门间的分工与合作关系，使医院内部医疗资源的利用效率得到明显提高。同时，工会的有效工作还帮助医院留住了一大批日后成为各科骨干的优秀医务工作者。"

土振义（右）与龚静德（左）一同回忆广慈医院的工会工作

从事工会工作期间，王振义带头参加了多项服务国家建设、服务人民的工作。只要人民政府有号召，他就积极响应。1950年，他带队参加了为军治疗血吸虫病工作。"二六轰炸"[1] 中，他又工作在抢救伤员的第一线。[2] 他同样积极支持反帝爱国运动，1951年初，他作为代表参加"上海各界人民反对美国武装日本代表会议"，

①解放初期，国民党反动派经常派飞机轰炸上海等重要城市，其中，1950年2月6日的轰炸最为严重，史称"二六轰炸"。
②《龚静德采访记录》（未刊稿），2010年12月。

并担任示威游行活动之嵩山、卢湾区医务大队副队长。是年 6 月，为把广大青年的力量更广泛地动员和组织起来，坚决拥护世界和平理事会关于缔结五大国和平公约的宣言，华东各界青年成立纪念"五四"筹备会，他与荣毅仁 ①、李向群 ②、袁雪芬 ③ 等一同被推选为筹备委员会委员。7 月，广慈医院组织第二批赴朝志愿医疗手术队，作为内科住院总医师的他，刚从胃溃疡和轻度肺结核的住院治疗中恢复过来，就坚决报名参加，最终组织上出于健康因素的考虑未批准他成行。9 月，他与胡文耀、陈敏章 ④ 等一同被推选为上海市抗美援朝天主教支会委员。10 月，上海市军事管制委员会正式征用广慈医院，王振义参加了资产清点工作，并在随后的"三反"斗争中担任"打虎队"副队长。这一时期，王振义与时任广慈医院军代表朱瑞镛 ⑤ 接触较多，在与他的交流中，王振义受到很多启发，自身的政治觉悟也有了很大提高。

在王振义看来，从事工会工作就是自己为群众服务、为群众谋利的最好实践。他在任职期间特别重视群众工作，维护群众利益，很好地传达了民意，发挥了工会组织连接群众与医院领导的纽带作用，并在医院推行保护性医疗制度和教学改革方面做出了积极贡献。在同事和群众的眼中，王振义为人低调，工作认真，心系群众，对所有的荣誉都很谦让，不愿接受各种表彰，因为在他自己看来，他所做的一切都是自己应尽的责任与义务。他出色的工作表现赢

---

①荣毅仁（1916—2005），毕业于圣约翰大学，爱国实业家，中华人民共和国原副主席。

②李向群（1914—2001），1937年参加革命工作，二医原党委书记。

③袁雪芬（1922—2011），著名戏曲表演艺术家，上海越剧院原院长。

④陈敏章（1931—1999），毕业于震旦大学医学院，曾任国家卫生部部长、党组书记。

⑤朱瑞镛（1919—1994），毕业于东南大学医学院，就读期间即参加革命工作。1951年10月，作为上海市军管会代表接管广慈医院。

得了大家广泛认可，群众十分乐意推选他当先进人物。群众的信任使他在 20 世纪 50 年代初成为第一届卢湾区人大代表。

王振义出席第七届全国人大五次会议（1992 年）

## 三、防治血吸虫病的医疗队长

1949 年底，驻守华东地区的解放军开始准备渡海作战，游泳和武装泅水等涉水战术训练接踵而至。当时江南地区血吸虫病流行，由于缺乏必要的防治措施，大片河道都成为"疫水"区，人们的患病率和病死率都很高。解放军战士在不知情的情况下，在"疫水"中进行长时间的训练，很多人患上了血吸虫病，大量出现急性发病的情况。

为了确保渡海作战的顺利进行，也为了广大人民群众的健康，华东军政委员会指示上海、南京、杭州等地组织医疗力量，帮助部

"一定要消灭血吸虫病"（1950年）

队突击防治血吸虫病。12月20日，上海市成立了郊区血吸虫病防治委员会，1950年初，上海市卫生局组织沪上医学院校组建了2 000多个医疗队奔赴江浙沪一带参与防治血吸虫病。震旦大学动员了医学院师生和广慈医院的医护员工一同组成"震旦大学为军服务医疗队"，简称"震旦大学血防队"。

医学院副院长杨士达[1]任总队长，广慈医院副院长聂传贤[2]任队长。[3]震旦大学血防队负责的工作区域主要集中在上海市郊和周边地区。

刚刚毕业两年的王振义认为，作为一名医务工作者，为人民治病服务是自己的职责。因此，他得知消息后，毫不犹豫地报名参加了血防队。血防队到达嘉兴，分为四个分队。王振义虽主动要求到疫情第一线的海盐工作，但总队长杨士达考虑其身体不好，把他留在了嘉兴东大营，并任命他为队长，带领留守嘉兴的医学院学生与部队卫生人员共同开展检验和消灭钉螺等防治工作。[4]

在嘉兴东大营，王振义面临的第一个挑战就是做好队伍的管理工作，充分发挥全体队员的作用，因为当时队员的社会构成和思想状况各不相同，一部分人思想进步，也有一部分人政治意识

---

①杨士达（1903—1963），毕业于震旦大学医学院，公共卫生专家，二级教授，历任震旦大学医学院院长、二医副院长，全国政协委员。
②聂传贤（1907—1981），毕业于震旦大学医学院，眼科专家，二级教授，历任震旦大学医学院副院长、二医副院长。
③震旦大学：《震旦大学建校百年纪念》，震旦大学校友会编辑出版，2002，第77页。
④震旦大学：《震旦大学建校百年纪念》，震旦大学校友会编辑出版，2002，第77页。

较为淡薄，喜欢发牢骚。王振义根据实际情况，安排进步青年负责检验工作，而自己则带领那些政治觉悟不高的人开展临床工作，想通过实践工作来教育和提升他们的思想认识。工作中，他时常提醒队员们要为病员提供优质的医疗服务，鼓励大家发扬"埋头干"的精神，共同把防治工作做好。

就在防治工作进行了两三个月，治疗任务尚未完成的时候，震旦大学常务校董茅若虚（Dumas）来信催促学生尽快回沪，准备开学。不少队员因学校的来信而变得心神不宁，不能全身心地投入防治工作。王振义当即开展劝说工作，对学生们说："既然我们开始了一项工作，就应该把它做完，不可半途而废。医生的使命就是治病救人，我们现在所做的一切就是在实践医生的美德。"[1]王振义的一番劝说得到了许多队员的响应，很多人当即决定继续留下安心工作。聂传贤队长也及时与学校方面沟通，进一步稳定了队员们的思想。

经过数月的艰苦奋战，震旦大学血防队出色地完成了阶段性的防治任务，受到了华东军政委员会和第三野战军的大力表扬。王振义在整个防治工作期间，认真负责，以身作则，发挥了重要作用，被授予三等功一次。回沪后，他还与其他几位队员一起组织了两次座谈会，传达防治工作情况。他感慨道："只要我们努力工作，就能够得到人民群众的信赖与关爱。"

的确，为军防治血吸虫工作让王振义亲身感受到了人民解放军的伟大品格，也进一步认识到了中国共产党的光荣使命。至今，他还记得服务工作结束前夕，华东野战军第 27 军卫生部部长耿

---

[1] 王振义：《王振义自传》（未刊稿）。

希晨<sup>①</sup>与自己的一次交流谈话。这位部长在肯定王振义的工作表现后，又给他讲了则小故事：在一个普通的苏联家庭中，有着一对兄弟，哥哥是信仰东正教的天主教徒，弟弟是一名光荣的共产党员。兄弟两人并没有因为信仰的不同而产生隔阂，相反相处得十分融洽，因为在宗教思想中，也有着教人为善、平等待人、为人服务的积极方面，这些思想的精髓与共产主义的奋斗目标有着相通之处。有了共同的奋斗目标，我们就能团结一切可以团结的力量向着这个目标努力前进。这则故事给了王振义深刻的启示，他从中感受到了党的政策的伟大和正确，领悟到了共产主义信仰的真谛。

几十年来，王振义和耿希晨一直保持往来，结下了深厚的友谊。2012年3月，92岁高龄的耿希晨教授等人历时10余年编撰而成的、适合基层医师使用的医学软件《全科医师宝典》出版了。这是一个以光盘为载体的医学软件，包含卫生政策法规、常见症状、疾病、药学、医学检验、物理检查、中医和医疗基本技术操作等8个模块，总计600多万字，有300多幅图片，涉及34个卫生政策法规、30个症状、22个专科、1212种疾病、2423种常用药品、311个常用检验项目、61项物理检查、24项医疗技术操作等，是一个大型的基层医疗参照系统，有多处超文本链接，可以采取精确与模糊两种方式进行搜索，使用非常简单。它既可以作为全科医师培训的辅助教材，也可以成为一个"家庭医生顾问"，作为一种科普资料，供广大读者查阅。王振义获悉后，应邀前往南京参加了

---

①耿希晨（1920—　），1938年入伍，曾任南京军区卫生部部长。

《全科医师宝典》的首发式，并欣然题词"全科医师的良师益友，沟通医患共识，构建和谐桥梁"。

王振义（右）和耿希晨（左）（2012 年）

# 四、朝鲜战争中的二等功

1950 年 6 月，朝鲜战争爆发。10 月，中国人民志愿军跨过鸭绿江赴朝参战。随着战事越发激烈，大批伤病员从前线被运回东北各后方进行医治，需要大量医护人员。[①]12 月 15 日，上海召开了医务工作者抗美援朝大会，成立上海市医务工作者抗美援朝委

---

①震旦大学：《震旦大学建校百年纪念》，震旦大学校友会编辑出版，2002，第79页。

员会，负责组建医疗队。1951 年至 1953 年初，上海共派 4 批医疗队先后奔赴各后方医院开展救治工作。震旦大学医疗队驻扎在中朝边境的通化市，其中外科医生留在通化市内，从事战伤诊疗工作，内科医生则被分派到距离通化市数十公里的二道江工作。

1953 年 4 月，王振义报名参加了上海市第五批抗美援朝志愿医疗队。这是他第二次报名参加志愿医疗服务队，第一次因身体原因未能成行。4 月 5 日，他随队来到位于长白山山麓的二道江。解放军第十一陆军医院坐落在此，这所临时医院由 8 幢长形平房构成，共有床位 300 张。①

医师的主要工作是对前线送回的伤病员进行分诊，需要立即进行手术者留在原地救治，其他的分送至各后方医院。王振义在此工作到 6 月中旬。随后，他被分派到东北军区后勤卫生部内科巡回医疗组担任内科主治医师，在东北各后方医院开展巡回医疗工作，并对疑难杂症进行会诊。医疗组由 5 人组成，中山医院肺科专家崔祥滨医师任组长，东北军区卫生部代表潘焕章负责安排会诊的地点与任务，组员是王振义，一位毕业于大连医学院、刚工作不久的内科军医，以及一位胸外科医师。对于一个只有 5 年临床经验的医生而言，王振义对担任如此"要职"心里有些没底。但他想到这是组织对自己的信任，为不辜负组织的寄托，自己一定要加倍努力。巡回医疗期间，5 人合作密切，诊疗工作开展顺利，好学的王振义也从同行身上学到了很多有用的知识。②

10 月 14 日，王振义所在的内科巡回医疗组来到勃利后方医院参加会诊，发现了一种前所未见的怪病。医院的主治医师根据

①震旦大学：《震旦大学建校百年纪念》，震旦大学校友会编辑出版，2002，第79页。
②震旦大学：《震旦大学建校百年纪念》，震旦大学校友会编辑出版，2002，第79页。

倪葆春（右一）、聂传贤（右三）等广慈医院医护人员　　　　"抗美援朝，卫国保家"
参加上海市抗美援朝志愿医疗手术队（1951 年）

病人出现的咯血、头痛等症状，诊断为肺结核并伴有结核性的脑膜炎。对病情敏感的王振义并不认同这一诊断，他发现出现这种病状的不止一人，而是一大群人，而且这些人出现的症状与他前两天在阅读《实用内科学》时看到的一种疾病的症状极为相似。随后，他又从侧面了解到，解放军战士到了朝鲜战场后由于食物缺乏，经常会在山间小溪中捕一些小龙虾吃。这一线索证实了他的判断——这些战士患上的是肺吸虫病。小龙虾携带着大量肺吸虫，如果人在没有完全将其煮熟的状况下食用它，就很容易染上肺吸虫病。这些寄生虫主要寄生在人体的肺部，也会跑到脑膜里去，进而导致咯血和头痛的症状。当地医院的医生们对王振义的判断有些将信将疑，因为他们根本就没有听说过这种疾病。为了证实自己的判断，王振义让医生对病人咯出的血液进行显微观察，果真看到了肺吸虫卵，大家都被这位年轻医生的睿智所折服。这一诊断也帮助部队和医院及时治愈了一大批患病战士。为此，王振义在 10 月 24 日被中国人民解放军东北军区司令部、组织部授予二等功。后方医管局和政治部对王振义医生的工作做出了这样的评价：

一、 工作一贯积极负责，对重患病情危笃能予积极抢救，深夜不眠，主动寻找工作检查重患，及时纠正医疗中错误。

二、 工作诚恳耐烦，会诊后主动讨论并认真做好学术报告，提高业务水平。并帮助别人在临床上有显著提高。利用夜间休息帮助别人。

三、 对新疗法和临床诊断上都有显著的提高，并纠正实际中的错误。

四、 及时总结医疗上的经验，提出建设性意见。

五、 诊断迅速，详细现实，半年来未发生医疗事故，正确诊断，及时解决疑难。

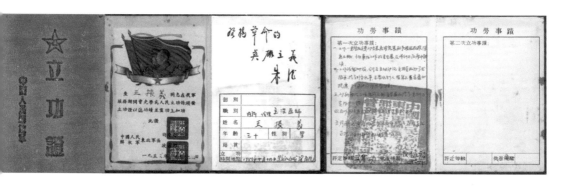

王振义荣立二等功的立功证

60 年后，他回忆起这段往事时说："这件事情告诉我们两个道理。第一，作为一名医生一定要多动脑筋、多看书，这也是我自己工作和学习时遵循的首要原则；第二，一定要重视基础与临床的结合，重视临床实践的积累。没有这两点，我是不可能做到准确诊断的。"[1]

由于国内外环境的限制，支援医疗服务期间的生活条件很艰苦。伙食以土豆和大白菜为主，很少能沾上荤腥。为此，医院每月为医疗队成员改善1到2次伙食，而老百姓也自发为部队战士和医疗队员送上一些自家养的鸡鸭。[2]

融洽的军民关系给王振义留下了深刻印象。这些美好的画面让王振义"苦并快乐着"。因为工作需要，巡回医疗期间，王振义走访了东北的许多重要城市，看到了东北工业基地热闹的生产景象，看到了东北人民不断提高的生活质量，看到了人民群众对党的拥护和对毛主席的爱戴，看到了伟大祖国建设的日新月异，这一切都让王振义更坚定了为祖国医疗事业贡献毕生精力的决心。

1953年10月，在出色地完成6个月的志愿医疗服务后，王振义回到了上海。整个志愿医疗服务期间，他始终服从组织的调动与安排，在多个岗位上圆满地完成了医疗任务。组织给他的评语是："王振义医师工作积极负责，作风正派，对所在地区的治疗诊断情况了解充分，对待病人耐心和蔼。他主动承担临床教学工作，善于结合病员情况，组织病例示范，教学效果明显。在巡回医疗中，他对各医院在内科医疗工作上存在的缺点和问题提出了许多有益的建议。在生活方面，他艰苦朴素，吃苦耐劳，始终坚持自己打水、洗衣；对待同事，热情和蔼，乐于助人。"[3]

---

[1]《王振义采访记录》（未刊稿），2010年11月9日。

[2]震旦大学：《震旦大学建校百年纪念》，震旦大学校友会编辑出版，2002，第80页。

[3]中国人民抗美援朝总会卫生工作委员会志愿卫生工作队上海市第十四大队：《王振义抗美援朝立功事迹鉴定书》，1954年1月30日，中共上海市委员组织部干部档案室档案。

在多年为国服务的实践中，王振义的思想认识不断提高，对共产主义理想信念的认识不断加深。在1957、1958年间开展的"向党交心"运动中，他向组织坦诚了自己对党的认识。在他看来，实事求是的精神就是党的思想精髓所在。在这一精神鼓舞下，1959年他向组织提出了入党申请。令人遗憾的是，"反右倾"斗争的开展让王振义的愿望成为泡影。

# 五、广慈血液科领跑全国

在王振义参加抗美援朝医疗队的前一年，广慈医院对医院内科病房进行了调整，撤销了等级病房，并将内科细分为消化、心血管、内分泌和血液四个专业小组。由于王振义从1950年起就已经在邝安堃的指导下参加了"嗜伊红细胞在外周血液中升降的临床意义"的研究项目，并作为参与者在1951年《中华医学杂志外文版》上发表了《嗜酸性白细胞在外科休克中的预后意义》，医院决定让他和血液细胞学专家徐福燕一同主管血液组的工作。王振义的血液学研究生涯自此拉开了帷幕。

徐福燕（1915—1978）

1953年，中华人民共和国制定了第一个五年计划，标志着国民经济已得到全面恢复，社会主义建设开始步入正轨。在随后的五年中，中国人民完成了对农业、手工业和资本主义工商业的社会主义改造，实现了国民经济的快速增长和综合国力的迅速提升，生产力水平得到显著提高。经济社会的繁荣景象为科学研究创造了良好的外部环境。

从抗美援朝医疗队返沪后，王振义就一心扑到了他所钟爱的医学科学研究上。他在临床实践中发现，不少口腔病患者在小手术治疗（如拔牙）后出现出血不止的现象，普通的止血疗法根本不起作用，医生也无法在短时间内查出原因。这一现象引起了他的关注。他开始思考是什么因素导致出血不止，又有什么办法可以及时有效地应对出血不止。在他看来，这个看似普通的医学现象对实际医疗工作有着十分重要的现实意义。因为，一旦

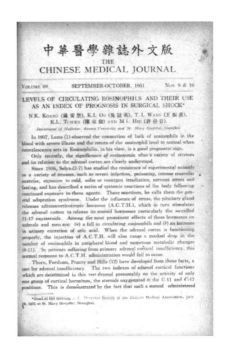

王振义等人在《中华医学杂志外文版》上发表的论文

病人尤其是术后病人出现无法止血的现象，而医生又没有有效应对方式，就很有可能要付出一条生命的高昂代价，这是每一个视救死扶伤为己任的医生都不愿意看到的结果。在之后的临床诊疗中，他又多次目睹许多白血病患者，特别是急性早幼粒细胞白血病患者虽然忍受住了化疗的煎熬与"摧残"，却依旧无法摆脱死神的纠缠，纷纷因颅内出血而离开人世。

这一切都让王振义十分忧心，他急切渴望找到导致出血性疾病的根源，为这些面对死亡威胁的生命带来生的希望。这也为他日后转向研究急性早幼粒细胞白血病埋下了伏笔。为此，他加倍努力，在协助邝安堃建立国内最早的内科实验室的同时，全身心地投入各种实验和文献阅读之中。

当时国内的血液病研究还十分薄弱，与世界的先进水平更是有着很大的差距。为了跟上国际研究的趋势，王振义想尽一切方法获取国内外的最新研究成果，然后通宵达旦地沉浸在大量的文献中。

早在 2 世纪左右，犹太人就发现有些男婴在行割礼后出血不止，这被认为是最早描述血友病的文字记载。直到 20 世纪三四十年代，科学家们才发现了血友病主要是因为缺乏Ⅷ因子导致活性凝血活酶生成存在障碍，凝血时间延长。1952 年，阿格勒（Aggeler）和毕格斯（Biggs）发现了Ⅸ因子的缺乏也会导致血友病，并将之前发现的Ⅷ因子缺乏的类型命名为血友病甲，Ⅸ因子缺乏的则称为血友病乙，确立了血友病的分型体系。血友病的发病率约为 5 ～ 10 例 /10 万人口。血友病患者常幼年发病，在自发或轻微外伤后出现关节或肌肉内的出血，普通止血药物无效，反复发作，往往使关节变形，重者无法行走，生活不能自理。因此，早期诊断、对症治疗非常重要。

1953 年，毕格斯和道格拉斯（Douglas）进行了一种凝血活酶生成试验，对精准和有效地诊断血友病有很大的价值。这个试验需要用到硅胶，将硅胶抹在试管壁上，可以防止血小板黏附在玻璃上导致的血小板激活，这也是整个试验成败的关键。当时新中国才成立不久，百废待兴，还没有生产这种材料的能力。以美国为首的西方国家又对我国实行封锁和物资禁运，而与中国结盟的苏联也没有这种材料。60 年后的今天，这个试验已经成为临床上一项非常简易常规的检查。我们很难想象，在当时中国的环境下，要进行这样一项试验需要克服怎样的困难。

看似巧妇难为无米之炊的问题并没有阻挡喜欢钻研的王振义，

他在自己的实验室里搞起了"小发明"，摸索着用其他原料充当硅胶的替代品。他想，石蜡的物理性质与硅胶非常相似，是不是能够用石蜡去替代硅胶呢？经过钻研论证后，他抱着试试看的心态用石蜡来代替硅胶，这一尝试获得了成功。石蜡试管的凝血活酶生成试验不但使试验成本大大降低，也让他成为国内成功使用凝血活酶生成试验进行血友病检测的第一人。

在查阅文献时，王振义发现这种在临床上比较常见的疾病，虽然在教科书及有关血液疾病的专著中已经有所阐述，但是对凝血的调节以及参与凝血的蛋白都未有清楚的阐明。当时国际上在止血机制的研究方面又有了很多新的发现，尤其是在出血性疾病的诊断方法方面有了很大的进展，因而原来的文献内容已不能满足临床诊断出血性疾病之用，从事血栓与止血领域研究的科研工作者们急需一本针对出血性疾病的病理、发病机制和临床表现等进行系统性介绍的参考书。

为了更新知识，同时也为了传播新知识，王振义和妻子谢竞雄开始广泛搜集相关文献。搜集整理文献资料的工作在一般人看来枯燥而烦琐，但是王振义非常享受在书海中淘金的乐趣。更重要的是，他心中有一份攻克出血性疾病的责任，是这项重任激励着自己不断摸索前行。

在翻阅医学外文书籍时，王振义发现两位美国医生史台法尼尼（Stefanini）和邓曼雪克（Dameshek）根据自身临床经验及研究心得，并综合近代有关文献编写而成的《出血性疾病》一书内容新颖，对止血机制的探讨，以及对各种出血性疾病的分类、病因、临床现象、诊断及处理方法阐述详尽，颇适合临床及教学参考之用。于是，他和谢竞雄合作，把这本 30 万字的英文专著译成中文，并于 1958 年由科技卫生出版社正式出版发行，弥补了国内的空白，引起了轰动，成为当时国内止血凝血领域中唯一一本专业参考书。

王振义、谢竞雄翻译的《出血性疾病》

当时，出版社给这本书的定价较高，业内的各位同道购买欲望强烈却苦于囊中羞涩。王振义、谢竞雄夫妇在得知这一状况后，为了让更多的读者享受这道"知识大餐"，主动给出版社去信，明确表示，他们翻译此书并不是出于赚钱的目的，而是为了推广知识。这本书涉及的内容在国内还是空白，希望更多的人读到它，因此，请求出版社降低这本书的定价，并用自己的稿费填补因降价而造成的出版方的损失。出版社接受了二人的请求，把定价从3 元降到 2.5 元，使更多的同道看到了这本书，并从上面学到知识，从而推动我国血栓与止血研究的发展与进步。

在该书的翻译过程中，王振义的老师邝安堃教授还给予了多方的鼓励和支持，并对译文进行了详细的审阅。可以说，这是一本凝聚了师生两代情谊的译著。

1954 年 4 月 27 日，一位 33 岁的中年男性因上颚肿胀、齿龈不断流血，住进了广慈医院口腔科病房。该患者在 4 月 16 日曾因上颚肿胀、左上侧齿龈和牙齿突然疼痛到某医院就诊，用磺胺类药和青霉素治疗后稍见好转。他自 6 岁开始即有出血历史，先后流血 10 余次，其中 6 次为大量胃肠道出血。一次在施行包皮环切术后出血逾半月，均经大量输血后方愈。此次住院后，输入储存血浆及全血各 300 毫升，凝血时间正常，乃施行拔牙手术，因局部仍有少量流血，先后又输入多量血液，6 月 15 日血止出院。

同年 7 月 25 日，广慈医院收治了一位咬破舌头后出血不止的 4 岁男孩。该患儿在 7 月 14 日就因舌头被咬破而局部流血一小时。翌日，伤口重又出血，经多次缝合无效。来广慈医院后，再次施行缝合手术，但仍不奏效。他有皮下出血史，2 岁时头部生疖，流血数日不止。4 岁时，膝、肘关节及腿部时常发肿疼痛，肿痛消退后，局部皮肤遗留暗紫色。此次入院后输血 800 毫升，出血遂止，乃于 8 月 17 日出院。

12 月 29 日，又有一位 33 岁的中年男性，因齿龈不断出血入院。该患者自幼即容易发生出血，12 岁时头部受伤，流血多天。25 岁时左趾被击伤，又流血多天。33 岁时在某医院做阑尾截除和腹股沟疝修补手术，当时凝血时间正常，但手术后大量出血，发生休克，大量输血后方愈。此次住院后第三天，因止血、凝血时间正常，认为可以手术治疗，故未予输血预防。但在拔牙后，流血持续不止，输入血库储血 300 毫升后，出血旋告停止。

王振义出于职业的责任心，对这 3 位患者的病情做了深入的观察和研究。在临床诊断结合实验室报告的基础上，他和谢竞雄合作，在高镜朗、邝安堃两位教授的鼓励和指导，以及实验诊断科主任徐福燕的协助下，于 1956 年在《中华医学杂志》上发表了《血浆中凝血活酶因子缺乏症》[1] 一文，在国内第一次报告了 3 例

---

[1] 王振义、谢竞雄：《血浆中凝血活酶因子缺乏症》，《中华医学杂志》1956年第1期。

血浆凝血活酶因子乙缺乏症，使国内同行对这种疾病有了更深刻的认识。这也是他第一次以第一作者的身份发表研究论文。他在论文中指出："凝血活酶因子乙缺乏症在临床上之特点，为较缓和的出血性症状，仅发生于男性，有家族史；本症之凝血时间延长，但一般并不显著，用血清或硫酸钡吸附血浆作纠正试验，是鉴别诊断方法；凝血活酶因子乙缺乏症可用储血治疗，手术前需输血预防。"

随后，王振义对实验方法加以改进并向全国推广，又用这种方法诊断和报道了数例血友病，印证了该方法的有效性和实用性。

在王振义的带领下，广慈医院血液科以诊治出血性疾病见长，确立了在全国的领先地位。

在从事临床医疗和研究的同时，随着1952年广慈医院成为新组建的上海第二医学院的附属医院，王振义也在同年11月成为上海第二医学院内科学系的助教，承担内科学血液疾病的教学任务，于1956年晋升为内科教研组讲师，并被评为广慈医院先进工作者。王振义关于讲课体验的总结是："讲课前必须充分备课，讲课时必须重点突出，要求分明，并掌握教学法的四项原则，才能提高课堂效果。临床实习中必须适当地选择病例，运用启发诱导的教学方法。随时教育学生要有热爱病员的共产主义道德品质。"

尽管王振义一直接受的是西医教育，并且长期从事着西医的诊疗和研究工作，但他同时还密切关注着中国传统医学的发展。祖国医学博大精深，在他看来就是一个取之不尽的宝库，将中西医的精髓有机地结合起来，一定能够造福更多的人。他认为："中医很多理论都是实践得来的。中国几千年靠什么方法去看病？都是靠中医。所以在中医里边包含着很多有效的方法，我们应该很好地整理一下。"

早在 1956 年，王振义就设想将"中西医结合治疗肝硬变和慢性肾炎"作为自己研究的方向之一。1959 年，党和国家号召广大医务工作者学习祖国医学，王振义积极响应，认真学习了两三个月的中医知识。由于他学习刻苦、领悟力强，两周后，他就被指派去向其他医生讲授中医知识。

王振义参加中医学习班（1959 年）

由于中医师承经典，又略显玄奥，听起来比较费劲，王振义就在自己理解掌握其要义的基础上，用现代西医的术语将其表述出来，使讲解很容易让人理解与接受。随后，他被调往中医科学习、工作了一年时间。其间，他专门做了有关"中医中药防治实验性动脉粥样硬化"的研究，写了《中西医结合的肾炎诊断》讲义，完成了《祖国医学对紫癜症的认识》和《中医治疗癜症54例的临床观察》2篇论文，并提出了"新医学派设想"（即中西医结合）。

半个世纪以后，王振义在给学生讲课时回忆道："去年有一个找了我30年的病人与我见面了。他小时候患病昏迷，当时我在急诊工作，诊断他为过敏性紫癜，最后他终于化险为夷，病愈回家。后来他因为种种原因一直没找到我，但孩子的父母一直心存感激，最近终于找到了，孩子已经成家立业，在一家袜厂工作，他送给我几双袜子，我真的很感动，这是医生收到的最珍贵的礼物，这几双袜子我至今仍舍不得穿。"

通过学习，王振义对中医的理论有了进一步的认识："中医有些理论还得要发扬一下，特别是要调和，阴阳要平衡。我们的健康身体就是靠调和得来的，不能过头，我们人生哲学也是如此。人本来有私欲。这个私欲是对还是不对？没有对，也没有什么不对，看你怎么样对待和做。"这段学中医的经历为他日后坚持用中西医结合的方法应用于临床打下了基础。

王振义行医"广慈"的12年中，时刻铭记毕业时所许下的每一句誓词——"谨守医师道德""于病者当悉心诊治""于任何病人，绝不索其力所不逮之诊金，并愿每日牺牲一部分时间，为贫苦病人免费之诊治""绝不接受不义之财"，并用自己的实际行动做出了最好的表率与诠释。

1960 年，王振义被评为二医社会主义建设先进工作者。不久，因工作成绩出色，他被调往二医基础部担任病理生理教研室副主任，暂时告别了广慈医院的临床工作。

# 第四章

# 坎坷行医路

进入 20 世纪 60 年代以后，王振义在组织的安排下，在多个岗位上继续从事医、教、研工作。在逐渐兴起的政治运动中，他虽然没有受到严重伤害，但不可避免地受到一些不公正待遇，行医和科研之路也受到一定影响。然而，面对困境，他依旧保持着那份平和的心态，泰然处世，兢兢业业地完成组织交予的每一份工作。宝剑锋从磨砺出，梅花香自苦寒来。历经十余年的坚守，王振义终于在科学的春天中迎来新一轮绽放。

## 一、"从医匠到医生"

参照苏联高等医学教育体制，二医在 20 世纪 50 年代中期开始建立各学科教研组。作为一门连接基础研究和临床医学的学科，此时的病理生理学已被国内医学界公认为基础医学教育领域最重要的学科之一。1956 年，二医病理生理教研组在章德馨[1]教授的主持下正式成立。时任二医副院长章央芬[2]特别重视将临床和病理生理结

1999 年章央芬（左）回到二医与王振义（右）合影

[1]章德馨，我国著名的病理生理学专家，1943年毕业于上海圣约翰大学医学院。
[2]章央芬（1914—2011），中共党员，1938年参加新四军，曾任二医副院长。

合起来发展。为此，她特意把王振义从广慈医院调到病理生理教研组担任副主任一职，负责教学改革和教材编译工作。

对王振义而言，多年来，他一直是名工作在临床一线的医生，一下子要完成从临床医生到基础研究者的转变，免不了让他感到有些底气不足。但是，每当想到这是组织交予的光荣使命时，他心中就充满了信心与斗志，努力用勤奋与刻苦去克服眼前的困难。他重拾课本，认真地复习化学、物理、生物化学、病理学和药理学等相关基础知识，及时跟进相关领域的最新研究成果，更新知识，让自己尽快地对病理生理学熟悉起来。

回想起那段复习基础知识的时光，王振义认为对他后来的医疗、科研工作有很大的帮助。他说："这让我更相信治疗一个疾病，你要搞清楚这个疾病的发生发展机制，那么你才能认识疾病，治疗疾病，你才真正算做一名医生。如果只知道看病，不清楚、不知道怎么研究疾病，就只是一个医匠。只知道修补，不知道为什么这样修补，应该用什么材料，或者不知道什么原因，根本就修补不来。从那个时候起，我下决心不做一个医匠，而做一名医生。"

当时，教研组的科研条件非常简陋。科研人员在实验中往往单靠一个细胞计算的办法，看一种细胞的改变与各种疾病的变化，进行判断、诊断。有限的工作条件没有令王振义束手束脚，他利用这些条件，围绕临床问题进行科学研究，这反而成为他进行研究工作的一个特点。王振义回忆道："这对我们来说，是一种很好的培养方式。在简陋的条件下，利用现有的条件，结合患者做些研究工作。研究工作的思路还是源于书本，因为很多东西不知道，只能通过看书学习。"

进入教研组之后，王振义开始思考如何提高教研组的教学水

王振义在黄山（1960 年）　　王振义在二医老红楼（1961 年）

平。他组织学生进行面对面的交流，要求学生围绕教学内容畅所欲言，从中发现了不少教研组教学中存在的问题。

有的学生反映："基础课所教的内容，临床用不上。例如解剖课总共要学 300 多个学时，神经及血管的细小分枝、骨的隆突等都讲得非常详细，大家花了很大的劲儿去学解剖，但到了临床，用上的却很少。"一些学生接着说："寄生虫学的讲课内容中，连寄生虫的某些形态结构是谁发现的、谁证实的，钩虫口囊里有多少牙齿，老师都要详细讲，而当同学接触实际工作时，大家却连血吸虫卵也不认识。"还有的学生反映："临床上所需要的东西，基础课却不讲，例如微生物学对临床霉菌的鉴别讲得很少；药理学不讲预防及治疗职业病中所需要的药物，常见疾病的药物讲得不突出，而这些却是在临床上需要用的东西。"

这些学生发言时，在场的其他学生都频频点头，表示深有同感。王振义意识到了问题的所在。教研组的教学工作竟与临床实际如此脱离，这与教研组的创办宗旨大相径庭。

为及时改变这一局面，王振义以身作则，带头开展临床与基础相结合的研究与教学工作，先后发表《氟氯烷（三氟溴氯乙烷）吸入麻醉初步报告》《输血前床头配血方法介绍》等多项临床与基础相结合的研究成果。用王振义的话来说：到病理生理教研组后，自己做的第一件事就是"造反"。这种打破常规的创新精神正是他不断取得突破的关键所在。

王振义还和孙慧华、沈明、杨琳、张震等教研组的同事一起撰写了《基础课与临床课之间存在的问题》，分析了基础课与临床课之间存在着的主要矛盾，特别强调了当时基础课严重脱离实际、与临床课严重脱节的现象，指出："基础课所教的内容，临床用不上；临床所需要的内容，基础课却不讲。例如，有一批同学在500份粪便检查中没有发现一个虫卵，而农村保健员却查出90%以上虫卵阳性。由于基础课与临床课之间脱节，同学虽然花了很多时间学完了基础课，到了临床都忘了或根本不用，以上许多事实都充分地说明了这一问题的严重性。"因此，王振义提出，为了"更多快好省地培养出质量更高的又红又专的医务干部"，"必须彻底打垮医学教育体系的旧框框，建立无产阶级的医学教育体系"。

在病理生理教研组的最初四年，王振义在继续血液学研究的同时，也将研究方向转向动脉粥样硬化和高血压领域，重点探究疾病发生的原因[1]，如有关肾加压物质与高血压病关系的研究，并先后发表《气功治疗高血压病长期疗效及气功对调整机体异常反

---

[1] 王振义口述，章米力采访整理《60年和20年》，载李宣海主编《上海市科技教育党委系统改革开放30年实录》，上海人民出版社，2008，第166页。

王振义（一排左一）参加第二次全国病理生理学学术研讨会（1962 年）

应性的研究》等多篇论文。王振义的示范作用，带动了整个教研组在加强基础研究与临床实践结合方面的工作进程，为二医病理生理学日后的发展奠定了扎实的基础。

　　20 世纪 50 年代中后期，"大跃进"与"反右倾"斗争的相继到来，使整个中国的科教文卫事业陷入低谷。在医学领域，一种"学派压倒一切"的作风同样猖獗。1957 年 4 月，《光明日报》发表了北大教授李汝琪的文章《从遗传学谈百家争鸣》，批评遗传学研究中乱贴政治标签、粗暴干涉学术讨论的现象。毛泽东对此十分重视，批示《人民日报》进行转载。对于这种"独尊一家之言"的做法，王振义是极力反对的。他当时就提出："李申科和巴甫洛夫在遗传学和生理学方面都做出了巨大贡献，但是我们不能仅仅把学理的东西完全束缚在一个理论上，只讲一种理论，而要探究和分析不同理论的优势，取长补短才是可取之道。"这种实事求是的科学态度是他从事研究工作的重要准则。

1958 年到 1960 年，在"大跃进"的背景下，全国教育战线发动了"教育大革命"。回想往事，王振义感慨万千："毕业后，我一直在广慈医院从事于内科血液学的医疗、教学和科研工作。50 年代中期，在日常医疗工作中，眼看许多急性白血病患者，因缺乏有效的治疗方法，在短期内相继死亡。不少患者年纪还轻，有的正在学业征途上，有的是家庭中的主要劳动力，这一可怕的疾病给病人带来莫大的痛苦和贫困。残酷的事实激发了一个医生的责任感，立志要为急性白血病的治疗找到有效的治疗方法。1959 年，在'大跃进'的浪潮中，我曾奢望'几年内'攻克白血病，并因此挑起白血病病房主任的担子，收治急性白血病病人。可是，上任后几个月内，二三十个急性白血病患者先后离开了人间。这一失败，对我无疑是一个沉重的打击和深刻的教训。让我认识到只有为病人服务的热情，而无为病人服务的本领，是不能实现自己心愿的，必须不断地学习、钻研业务，研究和探索为病人服务的技能。"[1] 这段经历让王振义更加重视病理生理教研组的基础研究与教育工作。

1961 年 9 月，王振义参加了中国生理科学会主办的第一次全国病理生理学学术讨论会，并在会上就病因学相关研究做了大会发言。1963 年，他的"骨髓抽吸活体组织检查在临床诊断上的应用"又在国内首次被报道。

---

[1]中国工程院学部工作部：《中国工程院院士自述》，上海教育出版社，1998，第779页。

# 二、亦师亦友

教学是王振义在病理生理教研组另一项重要工作。事实上，早在 20 世纪 50 年代，王振义就已经成为医学院内科学的讲师，负责血液病学的教学工作。他还在广慈医院做了多年临床教学和实习医师的带教工作。

王振义特别重视培养学生的基础知识和临床技能，常常用实习医生的标准要求见习学生，要求他们对病史和病人情况了如指掌。他的学生、瑞金医院血液学研究所研究员邵慧珍回忆道："1957 年王老师给我们上内科学时，正是'反右倾'运动兴起之时，学生们除了上课，根本就没有时间复习，每天都要看和写批判文章、参加运动，有时抽空去看书也会被说成是'白专'。因而，当时我们的学习基本上只能靠即时记忆。但是，王老师并没有因此放松对学生的要求，依然沿用严格的标准进行教学。记得有一次，他给我们上大课，讲有关风湿性关节炎与类风湿性关节炎区别的问题，当时他一共归纳了四条鉴别方法。第二天，临床观摩时，他要求我们复述这四条鉴别方法。平时，学生们会踊跃作答，可这一回连续抽问的十个同学都没能完整地答出来。王老师向大家扫了一眼，严肃地说：'作为医生，我们面对的是渴望得到救治的病人，事关人的健康和生命，这份高尚的使命要求我们对待任何工作都不能掉以轻心，你们现在就要用这样的标准要求自己。'"邵慧珍当时就站在王振义的身边。这句话让她铭记在心，成为她后来科研、教学工作的基本准则。邵慧珍自信满满地说道："现在我还能一字不差地说出那四条鉴别方法。"[1]

----

[1]邵慧珍：《我眼中的王振义》（未刊稿）。

王振义（前排左三）和病理生理学教研组的同事（1962 年）

教学要求严格的王振义，在课外十分关心和爱护学生。他与学生打成一片，经常带领大家围坐在学校的草地上交流学习体会，了解学生的生活情况，并与他们一起开展集体活动。由于他法语出色，教研组在 1963—1964 年安排他负责法语班的法语教学工作，他就跑到班中与学生们同吃同住，睡上下铺，建立起很好的感情联系。学生们被他渊博的知识、出众的教学能力和独特的人格魅力所吸引，都愿意跟着他学习，听从他的教导。这种师生情一直延续到了今天，同学们聚会时，总忘不了叫上尊敬的王老师。

王振义到教研组担任副主任时，邵慧珍已经在教研组参加科研工作一年了。一次，两人一起做剥离兔子的颈总动脉和大白鼠尾巴测压的实验。实验过程中，王振义以合作伙伴的姿态同邵慧珍一起做实验，一起交流学习。这让邵慧珍有点不自然："王老师，您是我的老师。实验上，您来指导我，具体操作的环节由我来完成就好了，您无须亲力亲为。""小邵，你这话说得不全对啊。"王振义说，"当初，我是你的老师没错。可如今在教研组，你的资历比我高，在实验动手方面又比我要强，我还要多向你学习呢。"

有一段时间，邵慧珍生了病，住在医院休养。由于手头的实验还未完成，她心里很是着急。王振义多次到医院看望邵慧珍，叮嘱她要好好休息，并对她说："工作上的事情暂时不要考虑，由我担着哩。"邵慧珍非常感激，但又过意不去："王老师，您工作上的事情也很多，已经够忙了。我的工作再交给您的话……""所以，你更要快快养好病，来帮助我啊。"王振义打断了她，笑着说，"你不忍心看着我在实验室孤军奋战吧。"①

1963 年 7 月，王振义因其在医、教、研各条工作线上的出色表现晋升为副教授，并再次当选卢湾区第四届人民代表。

## 三、做一个赤脚医生

1962 年，党的八届十中全会提出，在实际工作中进行社会主义教育。

经过试点，1963 年底，社会主义教育运动在全国范围内大规模地开展起来。

1964 年 3 月，王振义被派往上海金山县金卫公社新光大队参加社会教育运动。为期两个月的工作中，他坚持"一切从党的利益出发"，认真开展灭钉螺、种牛痘、打防疫针等卫生宣教工作，并通过深入贫下中农，全面了解中国农村的医疗状况。

为拉近与群众的距离，更好地联系和服务农民群众，并不擅长文娱表演的王振义学唱起了深受农民群众欢迎的《歌唱二小放牛郎》，还学着为农民讲革命故事，以农民群众喜闻乐见的方式与他们建立起深厚的感情。那时提倡工作队与农民"三同"，即同吃、

---

①邵慧珍：《我眼中的王振义》（未刊稿）。

同住、同劳动。在选择住处时，王振义主动选择靠近猪圈、卫生条件较差的房间居住，而将条件较好的房间留给其他同志。与农民在一起时，他不怕苦不怕累，全心全意为大家提供医疗服务。

一个夜晚，天空下着大雨。王振义刚刚睡下，突然被一阵急促的敲门声惊醒。打开门，见一个老乡神色慌张地站在雨中。"王医生，您快到我家里去看看吧！我家孩子上吐下泻的，头也烧得厉害。"老乡焦急地说。

王振义赶忙穿上雨衣，带上急救药箱，随这名老乡出了门。雨越下越大。王振义和老乡深一脚、浅一脚地走在泥泞的乡间小路上。到了老乡家，王振义顾不得擦去身上的雨水和泥巴，忙着为生病的孩子诊治。经他诊断，孩子是食物中毒。服了王振义带去的药，孩子渐渐退了烧。为防止病情反复，王振义在孩子身旁守候了整整一夜。天亮了，孩子的身体情况终于稳定，王振义才放下心来。这时，他自己却不停地打起喷嚏，原来是着凉感冒了。

还有一次，王振义在诊治一位患者时获悉，该患者病发后，一晚上心脏停搏 6 次，万幸的是每次都被抢救回来。"根据临床经验，救回来就应该没事了，这个患者怎么如此反反复复？"王振义心中很是奇怪，便问患者："你发作之前有什么征兆呢？"患者说："很难过啊。胸闷，喉咙感觉有东西卡着。"于是，王振义等患者再次发作时，就和同事们掰开他的喉咙。他们竟然看到了一条蛔虫！

王振义恍然大悟。当时农村地区普遍有蛔虫疾病，蛔虫又有迁移的习惯，最后爬到嗓子口促使患者难受不适，导致患者副反应发作。根据蛔虫喜欢甜和酸的食物的习惯，王振义针对性给药，再加上驱虫药防止蛔虫的迁移，最终排除了患者副反应的诱因，使患者恢复了健康。

　　这段在农村工作、生活的经历，让他看到农村需要文化，需要科学，更需要医生的现实。一种使命感油然而生，他深深感到自己应该肩负起为农民群众提供医疗服务的责任，要在今后的教学过程中，更加注重将教学内容与社会现实的需要联系起来，引导学生关注、解决现实问题，培养全心全意为老百姓服务的医生。

　　1965 年 6 月 26 日，毛泽东发表了著名的"六二六"指示，号召"把医疗卫生工作的重点放到农村去"。全国医疗卫生系统积极响应，7—8 月，卫生部相继召开了全国农村医学教育会议和全国高等医学教育会议，要求"高等医学院校到农村办学"。①二医随即决定在上海市嘉定县卫生学校（现上海医药高等专科学校嘉定校区）开办上海半农半读医学专科学校，专门培养农村医疗人才，俗称"赤脚医生"。半农半读的教学方式是刘少奇在

毛泽东"六二六"指示宣传画

1958 年 5 月中央政治局扩大会议上提出的，旨在通过边接受教育边参加劳动的方式，实现教育与生产劳动的全面结合，加快推进社会主义教育事业的发展步伐。

　　作为当时高等医学教育改革的一项重要内容，上海半农半读医专的筹建得到二医和各附属医院的大力支持。时任党委书记关

---

①董宝良主编《中国近现代高等教育史》，华中科技大学出版社，2007，第329-330页。

子展[1]亲自调配干部组成筹建组；时任基础部主任余㵑[2]也明确表示："建校过程中，若有人员方面的需要，基础部一定全力配合，全体教员任凭挑选。"[3]

根据教学任务的实际需要，学校从各方面抽调了一批年轻有为的教师、医生到半农半读医专参加教学工作。1965年6月，王振义以内科医生和教师的双重身份被抽调到半农半读医专，负责临床教学和常见疾病教研组内科小组的教学任务。他是当时抽调教师中唯一的一名副教授，也是整个学校中唯一拥有高级职称的教师。[4]然而，他并没有因此把自己视为"高人一等"，相反是所有二医派遣教师中表现最积极的。[5]因为，在他看来，为农村培养医生不仅是一项意义深远的工作，而且也是自己作为一名医务工作者、一名医学教师应尽的责任与义务。

到任不久，王振义马上就参与到教学计划的制订工作中。他提出："要从农村医疗的实际出发设置教学大纲，教学内容要以常见疾病的诊疗和防治为核心。在学制缩短为三年的前提下，基础知识的教学要精简，重点讲授农村疾病治疗中能派上实际用场的基础知识，突出实践性。以药理学为例，其课程名称应改称药剂学，所教内容要根据不同季节的变换而做相应调整，确保学生所学知识能够及时应用到临床一线。"由于当时临床课程的设置占全部课程的九分之七之多，作为临床教学组长的他倍感责任重大。

---

[1]关子展（1914—1996），曾任二医党委书记兼院长。
[2]余㵑（1903—1988），一级教授，著名细菌学、微生物学、免疫学专家。
[3]《关于筹建上海半农半读医学专科学校情况的汇报》，载《上海半农半读医学专科学校》，上海交通大学医学院档案馆档案，档案号：1965年第20号。
[4]《关于筹建上海半农半读医学专科学校情况的汇报》，载《上海半农半读医学专科学校》，上海交通大学医学院档案馆档案，档案号：1965年第20号。
[5]《徐也鲁采访记录》（未刊稿），2011年1月28日。

　　由于半农半读医专是在原嘉定卫校的基础上筹办的，团结好学校原有教职员工成为建校初期的重要任务之一。王振义在这方面做得十分出色，他不仅用自己的实力赢得了同行的尊重，而且还在工作的任何细节中都注重与大家合作，形成了融洽、团结的良好氛围。

王振义（右）与上海半农半读医专老同事程鸿璧（左）、孙建民（中）（1985年）

　　在教学方面，王振义对学生的要求还是同样的严格，对学生的学习生活情况还是同样的关心与爱护。无论学生的家庭出身如何，医学基础如何，他都一视同仁，耐心细致地教授他们医学的知识与技能。针对学生大部分出身贫下中农且医学基础较弱的特征，他克服种种困难，长期坚持使用基础和临床结合的授课方法，通过形象化的举例分析，深入浅出地为学生们讲解复杂深奥的理论知识，让学生们在较短时间内掌握了一系列重要的基础医学知识。学生们则对王振义的讲课大加赞赏，称他不愧为二医派来的最好的、最年轻的教授。

　　1966 年，"文化大革命"的爆发打乱了学校正常的教学计划。但在校的学生们不愿荒废学业，想抓紧时间到临床做实习，多学些业务。为满足学生的学习要求，学校教学的重心也随之从基础理论转向临床实践。当时学校坐落在嘉定马陆镇，临床教学基地则设在嘉定县城中的嘉定县人民医院。由于人民医院规模有限，无法为学生提供足够的实习岗位，王振义就和其他几位教师一起，通过自己的社会关系为学生们寻找实习医院。在王振义的联系下，普陀区人民医院答应接收一部分学生实习。1968 年，这批学生毕业后都按要求回到了各自所在的公社。因业务学习较好，他们中的大部分人后来都到各区县医院工作去了，并都成为所在医院的医疗和学科骨干。①

20 世纪 80 年代的上海市嘉定县卫生学校

① 《程鸿璧采访记录》（未刊稿），2011 年 1 月 13 日。

上海半农半读医专 1968 届校友三十周年联谊会留影 (1998 年 1 月 ) (王振义为二排左十)

　　除了教学工作外，王振义大部分时间都在嘉定县人民医院开展临床教学与医疗工作。他还时常带着学生下乡开展巡回诊疗，为贫下中农送医送药。由于条件限制，缺乏仪器设备和药物的王振义尝试着用刚刚学会的中医诊疗方法为农民看病。这也让跟随他的学生们打开了眼界，重新认识到了中医在实际治疗中的重要作用，开拓了思维。在巡回诊疗过程中，他不怕天寒地冻，不顾刮风下雨，一家一户访贫问苦、送医送药，常常为了抢救病人放弃自己的休息时间。有时，他星期天在家得知抢救病人的消息后，就立刻起身从市内高安路的家中赶往嘉定参加抢救工作。他的这种忘我的精神感动了他的每一个病人和学生，他们发自肺腑地称他为"白求恩式的大夫"。①

一天深夜，干校附近练江牧场的一位知识青年突然昏迷。王振义获悉后，二话不说，背上急救箱就往现场赶去。抢救过程中，病人呼吸突然停止，他不怕脏、不怕累，跪在地上口对口地为病人做人工呼吸，直至病人恢复呼吸。

40 年后的今天，当王振义重新回忆起这段往事时，不由感叹道："亲眼目睹贫下中农的艰苦生活后，让我看清了自身所处时代的社会现实。迫于条件的限制，我不得不重起炉灶，利用身边一切可以利用的资源，在原有基础上，学习针灸等中药治疗方法，研究草药的功效，用这些知识与技能去救治穷苦百姓的性命。当时，我已经准备好一辈子做个'赤脚医生'了。"② 在他看来："作为一个医生，如果不了解国家、社会的现实，不知道百姓的需要是什么，只顾一个人闷头做研究，不掌握各方面的知识与信息，是不可能适应时代发展的要求的，也是不会取得成功的。"③

1971 年，王振义被派往位于安徽歙县无名山的二医皖南干校做保健医生，同时被要求继续参加体力劳动。即便生活在这样困难的环境中，他也始终没有一句怨言，而是心平气和、踏踏实实地投入每一项具体工作，继续利用身边有限的资源，抓紧时间学习新的知识。他说道："只要我能在工作中拓宽自己的知识，又不断地阅览专业书刊，不脱离临床实践，理论联系实际，即使研究条件十分简陋，依然能沿着已定的方向前进的。"④

---

① 陈凤生：《王振义：白求恩式的大夫》（未刊稿），2011年1月。
② 《王振义采访记录》（未刊稿），2011年1月19日。
③ 《王振义采访记录》（未刊稿），2011年1月19日。
④ 中国工程院学部工作部：《中国工程院院士自述》，上海教育出版社，1998，第779页。

# 四、重回二医，编、研、教、医齐头并进

1971 年 9 月，王振义从皖南回到二医校园。为贯彻"开门办学"、招收工农兵学员和战备建设的要求，二医开展了一系列教育革命，对教学安排进行重新设置。根据新学制，学校组织人员重新编写教材，并参与全国协作教材的编写工作。此时的王振义在教学、临床和基础理论等方面都已积累起丰富的经验，因而被调往教材组参加教材编写工作，并担任上海市大学教材《内科学》的主编之一。

1973 年 6 月，王振义又重回瑞金医院内科，分管他的老本行血液病的治疗与研究工作。白血病始终是他心头最牵挂的"心病"，他渴望着早日找到治疗之道，解除病人痛苦，挽救病人的生命。然而，自从 1960 年离开临床一线起，他先后在多个不同岗位上工作多年，研究的方向也根据岗位的实际需要而多次转变，血液学的研究也因此耽搁下来。在常人看来，这无疑增加了他"重操旧业"的难度。

但是，在擅长"反向思维"的王振义看来，这段经历不仅没有对他的血液学研究产生负面影响，反而丰富了他的研究经历，让他进一步开拓了研究的思路与视野，更好地掌握基础知识的理论。因为，勤奋努力的他，在频繁的调动中，没有浪费一分钟的时间，时时刻刻都在为自己的医学人生积累知识的财富。后来，他自己也曾打趣道："正因为我既做过临床医生，又搞过基础研究，既讲授过西医，又懂得中医，既教过法语，又到农村做过'赤脚医生'，这一切都让我对医学有了更全面的认知，在 80 年代中期，

组织推荐由谁出任院长时，我就多了一点优势。"这种泰然处世的积极心态是王振义不断取得事业进步的要素之一。

为加强血液病研究工作，瑞金医院正式成立了内科和儿科共建的血液病研究室，王振义任主任，儿科医生胡庆澧[1]为副主任。血液病的研究团队包括检验科主任徐福燕，血液科医生王鸿利、张利年、孙关林等人。他和胡庆澧、徐福燕、王鸿利等一起编写了供瑞金医

王振义（左）和胡庆澧（右）在二医建校 50 周年时合影（2002 年）

院进修医师学习使用的《血液病讲义》，希望把"文化大革命"中失去的时间夺回来，把对年轻一代人的教育补起来。

血液病研究室成立后，王振义亲自领导血液病的临床治疗与研究工作，重点研究弥散性血管内凝血（DIC）临床诊断与治疗、血小板功能缺陷性疾病、白血病的诊断与中西医结合治疗以及其他各种血液疾病。他克服血液组人员少的困难，充分发扬学术民主，积极调动团队成员积极性，引导和鼓励团队向白血病研究的广度和深度进军。

为提高团队科研水平，及时掌握国际最新研究动态，王振义还亲自主抓小组成员的外语学习和业务教学。

30 多年后，孙关林对当时的情景还是记忆犹新：

---

[1]胡庆澧（1932—），上海交通大学医学院顾问、附属瑞金医院终身教授、联合国教科文组织国际生命伦理委员会（IBC）委员，曾任世界卫生组织助理总干事、副总干事等职。

王老师来了之后首先考虑到的是人才培养。因为当时血液科的工作人员都是60年代毕业的，学习的情况也比较复杂，大多都是念俄文的，也有的是读英语的，水平参差不齐，王老师就先开始帮助我们学习英语。

记得那时候他和我们三四个人下班后不回去，吃点点心，然后就给我们上英文课，很晚才回家。他叫我去图书馆把英语版的《西医内科学》找出来作为学习的教材。当时的原版书是很宝贵的，图书馆只有一本，所以借出来以后，我们先是在蜡纸上打字，然后再油印。王老师基本上每天晚上给我们上英语课，拿着这本讲义给我们领读，给我们讲解，就这样我们这批人的英语水平慢慢地提高了。①

在抓人才建设的同时，王振义提出要把实验室搞起来。他把孙关林抽出来一边做临床一边做实验。孙关林回忆：

当时我一个人是怎么做的呢？那时实验用的瓶子呀什么的都要自己洗。而作为大内科医生任务是很多的，要做门、急诊，科里、病房里的事大家可以帮我分担掉，但是门、急诊室是无法推的，要轮班的。

门诊往往是到上午10点患者就很多了，我一边在做实验一边就有人在反复催我快点去看门诊。也有人说实验室的事要你医生来做干吗，叫技术员来做就好了嘛。

---

① 《孙关林采访记录》（未刊稿），2012年9月12日。

当时人家不理解，所以我很多实验是在晚上完成的。因为对能攻克白血病我也蛮有兴趣的，自己累一点，加班加点也不计较，临床工作要做，实验室工作也要做。当我们遇到困难的时候，王老师就来帮我们解决。我记得当时我们实验室很小，第一次做实验的时候因为没有什么设备，我发现检验科有一架荧光显微镜，以紫外线为光源，用以照射被检物体，使之发出荧光，然后在显微镜下观察物体的形状及其所在位置。为什么要做这实验呢？因为当时国外在研究DNA问题，当然它不像我们现在研究得那么深，只知道DNA和ANA用激光打了以后在显微镜下它的显示不同，我们想根据这个原理来测定细胞中DNA的含量。我们采用几个'+'来表示。通过这方法来测定患者通过化疗后细胞中DNA丧失了多少。若DNA少了，说明这细胞已被打死；若DNA还活泼，说明细胞还没有死。当时我们要做这个实验，就问检验科能否把荧光显微镜借给我们。检验科主任兼血液科副主任徐福燕很支持我们，就同意了。我们需要实验室，王老师就让我们用病房中的那间空置的房间，那是以前法国人用来给实习医生做实验用的现已废弃的房间。我们就在这房间中用黑布遮了一块地方，一个人在里面看显微镜，因为设备要求是暗房。后来病房的一个小厨房正好搬到另外一个地方去了，我们总算可以在一个比较像样的房间里做实验了，这也是我们科最早的实验室。[1]

---

① 《孙关林采访记录》（未刊稿），2012年9月12日。

王振义（一排左二）和第十届全国血液进修班的学员（1978 年）

在王振义的带领下，瑞金医院血液学研究取得了丰硕成果。他先后主编、参编血液学著作8本，参与和指导专业研究论文21篇，研究成果达到国内外先进水平，对血液学研究有着重要的参考价值。这些成果中的很大一部分也为其今后的研究打下了坚实的基础。其中，有关因子Ⅷ的基础与临床研究成果连续两年（1981 年、1982 年）获得国家卫生部科技成果二等奖。同时，他还被连续聘为上海市卫生局血液进修班主讲教师。

在临床方面，王振义经常放弃节假日休息，来院查房、参加急诊，遇到抢救危重病人，总是随叫随到。治疗过程中，他不断吸取国内外先进经验，结合中医理论，辨证论治，在短时间内有效提高了医院血液病的诊治水平，在白血病的缓解率、缓解期与生存期方面都有了很大的提高。他还配合肝脏移植，解决了手术时的出血问题，为我国肝脏移植研究做出贡献。同时，他对内科的一些疑难杂症如"不明热"也有深入的研究，许多诊断不明的患有"硬皮病""轻链病""高丙球蛋白血浆性紫癜"的病人经他查诊后，都得到了正确的诊断。

王振义要求每周五进行一次疑难病例总查房。无论是临床医生、实习医生，还是与病人治疗相关的科室医生都要参加。讨论前，他会事先了解病人的病历，查阅相关文献，做好充分准备。总查房当天，他依旧要求严格，会亲切而全面地询问病人的情况，然后十分认真仔细地对病人进行体检。由于淋巴结的检查对血液疾病的诊断有着重要的临床意义，每次他都从头到脚、仔细触摸病人体表可触及的淋巴结部位；如果身上病人有疹子，他还会仔细地对病人的全身皮肤进行观察。查房结束后的讨论会上，他要求每个参加讨论的人都讲解病例，然后提出自己对该病的看法，讨论有没有更好的诊断和处理方法，这样的训练让全体参与者受益匪浅。①

1977 年起，王振义连续三年被评为二医先进工作者。在王振义优良作风的带动下，他所在的瑞金医院内科四病区和血液组在 1977 年和 1978 年连续两年被评为二医先进集体。

王振义（左）与大学同学汪俊堂（右）在唐山（1977 年）

①邵慧珍：《我眼中的王振义》（未刊稿）。

# 五、在科学的春天中再度绽放

1978 年 3 月，中共中央、国务院在北京隆重召开了全国科学大会。这是中国科技发展史上一次具有里程碑意义的盛会。邓小平在这次大会上的讲话中明确指出，"现代化的关键是科学技术现代化""知识分子是工人阶级的一部分"，提出了"科学技术是生产力"这一重要论断，强调了科学技术和科技人才在社会主义现代化进程中的重要作用，从而澄清了长期束缚科学技术发展的重大理论是非问题，打开了长期禁锢知识分子的桎梏。中国的科教文卫事业迎来了久违的春天。

同年 12 月召开的党的十一届三中全会，果断地做出把全党工作着重点和全国人民的注意力转移到社会主义现代化建设上来的战略决策，这揭开了党和国家历史的新篇章，是中华人民共和国成立以来我们党历史上具有深远意义的伟大转折。

对王振义来说，这一年发生的所有变化都是那样的意义不凡，让人记忆犹新。1978 年 4 月 1 日早晨，太阳还没有升起，王振义已打开家里唯一的电子产品——电子管收音机，收听中央人民广播电台的《新闻和报纸摘要》节目。这时，正在播送全国科学大会闭幕式上由播音员现场朗诵的、郭沫若署名的文章《科学的春天》。应该说，王振义和所有科学、教育、医疗战线上的同道们再度热血沸腾。郭沫若指出，"从我一生的经历，我悟出了一条千真万确的真理：只有社会主义才能解放科学，也只有在科学的基础上才能建设社会主义。科学需要社会主义，社会主义更需要科学"。他祝愿中年一代的科学工作者"奋发图强，革命加拼命，勇攀世界科学高峰"。他说："你们是赶超世界先进水平的中坚，任重而道远。古人尚能'头悬梁，锥刺股'，孜孜不倦地学习，你们为了共产主义的伟大理想，一定会更加专心致志，废寝忘食，刻苦攻关。赶超，关键是时间。时间就是生命，时间就是速度，时间就是力量。趁你们年富力强的时候，为人民做出更多的贡献吧！"

春天，每一个角落都荡漾着生命萌发的绿意，每一缕空气都弥漫着比爱情还要甜蜜的气息。王振义的血在沸腾，他下决心要为医学做出新的贡献！

万物复苏，万象更新。古老沧桑的中华大地焕发出勃勃生机，越来越多的华夏儿女以积极自信的精神面貌迈出国门，走向世界。出国学习的梦想种子在王振义年幼学习外语时便已种下。如今，时代赋予了梦想成为现实的机遇。在"我们民族历史上最灿烂的科学的春天到来"的时候，雄心勃勃的王振义渴望去国外学习先进的医学理念和知识，他毫不犹豫地报名参加了国家公费留学考试。

令人遗憾的是，尽管王振义顺利通过考试，但工作人员抱歉地对他说："王医生，国家规定出国留学人员的年龄不能超过55岁。"而那年，王振义恰好55岁。

直到多年以后，王振义才跟随由邝安堃、傅培彬[1]领衔的二医访问团前往法国进行为期两周的学术交流。他曾回忆："那是我第一次出国，口袋里没有很多钱，每天中午只能买一些三明治带回旅馆偷偷地吃，因为怕给法国教授看见，嘲笑中国教授连顿像样的正餐都吃不起。"谁也没有料想到，就是当时这样一位"寒酸"的中国教授，在1992年被选为法国科学院外籍通讯院士，成为国际血液学研究领域中最顶尖的科学家之一。

---

[1]傅培彬(1912—1989)，一级教授，著名外科专家，曾任瑞金医院院长、外科主任。

1992 年王振义被选为法国科学院外籍院士

　　错失留学机会的王振义，在 1978 年 7 月又一次面临岗位调动的选择。为了进一步加强和提升学校病理生理的教学与科研工作水平，学校决定让经验丰富的王振义回到病理生理教研室，担任教研室主任，负责教研室的管理与学科建设。多年后，王振义坦率地说："当时，从自身兴趣的角度出发，在行政与科研之间，我还是更喜欢做些科学研究工作，更想留在临床继续从事医疗和科研工作。但是考虑到这是组织的安排，我觉得还是应该以集体的利益为重，服从调动，回到教研室工作。"

　　社会环境的转变为王振义大展身手提供了广泛的空间。他的到来给教研室的发展带来了生机。王振义审时度势、因陋就简地组织教研室成员重启"文化大革命"期间被迫停止的动脉粥样硬化研究，集中力量，寻找突破。

　　在已建立起的动脉粥样硬化动物模型基础上，王振义组织科研人员进一步开展动物实验，观察中药蒲黄对动脉粥样硬化的防治作用。实验成功后，教研组与上海中药三厂进行合作，试制了主含蒲黄的中药制剂，投入临床实验，探寻中药蒲黄对冠心病患者的临床疗效。中药蒲黄系香蒲科植物水烛的花粉，《本草纲目》记载："蒲黄，手足厥阴血分药也，故能治血治痛。生则能行，熟则能止，与五灵脂同用，能治一切心腹诸痛。"中医描述的"胸脾""真心痛"，其症候与冠心病心绞痛相似。据临床报道，由蒲黄和五灵脂为主组成的"失笑散"加味对冠心病有一定疗效，此外，又发现单味蒲黄对降低血清胆固醇和血小板黏附率也有较好的作用。这一系列研究迈出了教研室发展的关键一步。同时，王振义还带领教研室开展止血与血栓研究，在国内首先提出利用多种凝血相关因子，并制成抗血清应用于临床，推动了我国血管性血友病和血友病携带者方面的研究发展。

在此基础上，王振义指导他的第一位博士研究生赵基从中药蒲黄中提纯了四种有效成分，并从出凝血、纤溶、内皮细胞水平各方面，阐明了生蒲黄防治家兔食饵性动脉粥样硬化的机制，相关论文《蒲黄对内皮细胞 tPA 和 PGI 生成调节的远期研究》和《蒲黄提取复合物的抗动脉粥样硬化效应》分别发表在《中华医学杂志英文版》和国外期刊《血栓研究》(*Thrombosis Research*) 上。这个有关中药的课题"中药蒲黄防治动脉粥样硬化机制的研究"，获得了国家教委 1989 年度科技进步奖二等奖。这可以说是王振义形成了中西医结合的探索思路后，在学术上取得的重要突破。

王振义在中药蒲黄防治动脉粥样硬化机制及有效性研究鉴定会上发言（1989 年）

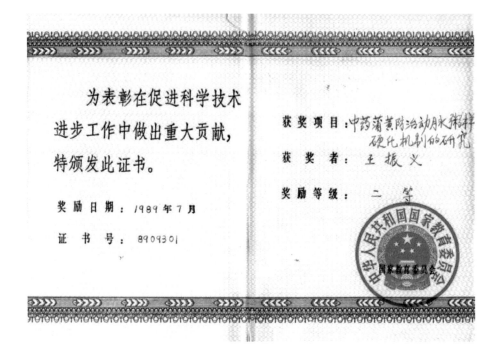

为表彰在促进科学技术进步工作中做出重大贡献，特颁发此证书。

奖励日期：1989 年 7 月

证 书 号：8909301

获奖项目：中药蒲黄防治动脉粥样硬化机制的研究

获 奖 者：王振义

奖励等级：二 等

王振义获国家教委 1989 年度科技进步奖二等奖

同时，王振义仍然没有忘记对钟爱的出血性疾病的研究。弥散性血管内凝血（DIC）是一种常见的病理生理现象，是由感染、创伤、癌症等多种因素导致的弥散性微血管内血栓形成，继之因凝血因子及血小板被大量消耗及纤维蛋白溶解亢进导致的严重的凝血疾病。病理生理教研室也对这种起病急、预后差的疾病进行了一段时间的研究。临床上尤其是血液科的患者虽然经常发生DIC，但是医生常常因为相关知识的缺乏而措手不及，导致严重的后果。在回到临床工作后，王振义向众多医生传授了 DIC 发病机理、临床表现以及处理的方法，加深了临床医生对这种凶险的出凝血疾病的认识，挽救了不少这种病患的生命。他还发表了《弥散性血管内凝血》一文，对 DIC 的诊断、机制和治疗等做了详尽的介绍。[1]

王振义的继任者、二医病理生理教研室原主任徐也鲁教授回忆："王振义的到来给教研室的发展带来了生机。他很快就把研究队伍重新组织、整合起来，认准动脉粥样硬化的研究方向，集中力量，寻找突破。更让人钦佩的是，工作中的王振义从来就是把集体需要放在第一位。他没有因为自己擅长血液研究而将教研室搞成纯血液研究的机构，而是根据教研室的实际情况，团结、引导大家开展科研、教学工作，为病理生理教研室的发展奠定了基础。"[2]

王振义任主任的这一时期，病理生理教研室取得了一系列重要突破，先后获得卫生部、国家教委、上海市颁发的各类科技奖项10 余项，堪称病理生理教研室发展史上最辉煌的时期。1986 年，随着上海经济的发展，市教委开展了重点学科的建设，病理生理教研室被列为重点建设对象，申请到 38 万元人民币资金，数额虽不大（当时最高为 150 万元），但对教研室添设基本设备、进一步开展科研工作、提高教学水平起到了很大作用。

工作上，王振义"作风民主，遇到重要事项，总能及时与大家商量，听取群众意见；对待教学和科研工作更是一丝不苟，为确保教学质量，他建立了集体备课制度，为加强信息分享，他定期组织学术报告会。日常生活中，他待人诚恳，经常向需要帮助的同事伸出援手，在教师与学生中享有极好的口碑"。[3]

---

[1] 王振义：《弥散性血管内凝血》，《牡丹江医专学报》1982年第2期。
[2] 《徐也鲁采访记录》（未刊稿），2011年1月28日。
[3] 黄桂秋：《王振义时期的病理生理教研室》（未刊稿）。

二医病理生理学教研室四任主任（左起：陈国强、徐也鲁、王振义、张启良）

　　在王振义正直严谨的作风影响下，"教研室的同事们养成了工作时不闲聊的习惯，专心于科学研究，这样的研究氛围成了一条不成文的规定。团队中，大家气氛融洽，不用为人际关系而烦恼，可以将更多的时间用在研究工作上。在王老师身上，也看不到有些人不愿与他人分享自己研究成果的弊病，他总是毫无保留地将自己的研究与同人分享。可以说，王老师的身教重于言传"[1]。邵慧珍回忆说。

　　在同事们的印象中，王振义不仅是科研和教学上的带头人，更是优良作风的表率。有人曾劝他利用手上的资源找找"门路"，

①邵慧珍：《我眼中的王振义》（未刊稿）。

王振义（左）和药理教研室老同事张景夏（右）亲切交谈（2010年）

把在安徽马鞍山当工人的儿子调回上海，被他严词拒绝。当一位患者出于感激之情，执意送给他两瓶"竹叶青"时，他把酒送交党支部处理。他时常对周围的同志说："我们不能占患者一分一厘。"

出任病理生理教研室主任期间，王振义招收了恢复研究生招生制度后的第一批硕士研究生。作为导师，王振义也经常告诫自己的学生："做人要有不断攀高的雄心，但要淡泊名利，对待荣誉要有自我约束的力量，珍惜生命才是根本。"[1]

---

[1]中共上海市委宣传部：《走近他们：大型人物访谈（第3辑）》，上海百家出版社，2009，第291页。

王振义（一排右六）参加 LXF-1 型连续血细胞分离器鉴定会（1981 年）

1981 年 11 月，王振义被任命为上海第二医学院基础医学部①第二主任。1982 年 9 月，王振义在《上海第二医科大学学报》发表了《学好基础医学课程》一文，以医学基础部第二主任身份对进入二医的新生提出明确的要求：

王振义在血液病学术会议上发言（1981 年）

①上海第二医学院基础医学部创建于1955年，负责医学院所有基础课程的教学任务。"文化大革命"期间，基础部机构瘫痪，时建时散。王振义任第二主任时，余㳨为基础部第一主任。此时的基础部不仅承担本科生和专科生的基础课程教学任务，还承担研究生和高级医师进修班的基础课程教学任务。

首先必须从思想上端正学习的目的。对同学来讲不能有"终身已定"的思想，错误地认为只要考进大学，将来毕业、工作就没有问题。更不能有一进二医，将来一定分配在上海的不正确想法。否则，学习不努力，只求及格，不求上进，怎能学好基础课？我们应该把学习与振兴中华，实现四个现代化联系起来，要看到历史赋予我们的使命。由于十年动乱，医学人才青黄不接，我们将是医学事业的后继之人，学习好坏，不仅影响到个人在事业中的贡献，更重要的是涉及能否实现四化的问题。因此，我们必须刻苦钻研，努力学习，把自己锻炼成红、专、健全面发展的医学人才。

第二，我们应该努力适应大学的学习规律和方法，提高学习的效果。基础医学课程的教材内容较多，老师不可能在课堂里把这些内容全部讲完。有的内容必须同学自学，加上老师在讲课中还会增添一些新、尖的内容。如果同学不学会归纳、整理、记好笔记、预习、复习等学习方法，就不能达到学习的要求。同学对老师讲课内容还必须善于独立思考，提出问题，请教老师或参阅有关书籍，独立解决问题，扩大知识面。由于医学课程中有许多内容是需要记忆的，如解剖、生理、生化、病理学，因此，必须学会"在理解的基础上记忆""反复、循环、记忆"等记忆方法，否则不能收到学习的效果。

此外，由于各门课的内容是按学科的特点和系统性来安排的，例如有关肾脏，解剖课讲的是大体形态，组胚课讲的是显微结构，生理课讲的是功能，三者密切有关，但都是分开来讲的。到了上病理课时，病理讲的是肾脏病的形态学改变，需要联系解剖、组胚。病生课[①]讲的是肾脏病的功能改变，需要联系生理、生化的知识，而两者的内容又相互渗透，密切相关，但讲的时候却是分开的。同学在分别学习每门课的时候，又必须不断地做好上下衔接、左右联系，复习已经学过的课程，帮助理解新课程的内容。这样才会学得活、联系广，才能使学到的知识不断地得到充实和巩固，医学基础才能打得扎实和牢固。[②]

与此同时，王振义也对教师提出了要求：

仅有"学"的积极性还不够，还需要有老师"教"的积极性。这就是各级教师必须把教学工作放在第一位，认真备课，精选教材和教学内容，讲究教学方法，努力提高教学质量和效果，教书教人，引导学生走又红又专的道路。[③]

王振义撰写的这篇文章对医学生和教师都产生了很大的影响。

在此期间，王振义还集思广益，深入群众，在调查研究的基础上，对工作中尤其是在晋升工作中出现的一些不合理现象进行及时调整与改革，采用学术委员会无记名投票的办法，取得了满

---

① 指病理生理课。
② 王振义：《学好基础医学课程》，《上海第二医科大学学报》1982年第59期。
③ 王振义：《学好基础医学课程》，《上海第二医科大学学报》1982年第59期。

意的效果。同事们也都反映"王振义的话讲到了我们心里，工作做到了实处"。

在教学管理方面，王振义推行学、教责任制，将教学工作制度化，并定期进行督促检查。有一次，他发现有的医生不认真记病历卡，这种做法对学生产生不良影响。他当即告诫大家："不要小看病历卡，它能反映医疗作风，能积累医学经验，这是医院的财富，也是国家的财富。"小小的病历卡，实际上是沟通医生与患者的桥梁。只有了解患者的病情，才能制定正确的治疗方案。王振义说："如果我们都能以一颗善良的心去帮助那些需要帮助的人，那么就会发现人与人之间确实存在着许多比金钱珍贵得多的东西。"为培养良好的工作作风，王振义连工作帽的戴法、自行车的放置位置等小事，也严格管理、明确要求。教师和学生们都说："王主任虽然很严肃，但教会了我们怎样工作，怎样做人。他既教学又教人，是我们敬爱的好老师。"

1983 年秋，基础部在全面部署学期工作、落实岗位责任制的基础上，重点对师资队伍（包括技术人员队伍）的建设进行了研究，再经学术委员会认真讨论，就思想认识和具体要求召开大会，进行了动员和布置。王振义发现当时的师资队伍建设存在一些问题，严厉地提出：要抓好师资队伍建设，必须正确处理好红与专、工作与培养、教学与科研、个人与集体、青年与中老年等关系。他说，这是因为当前在师资培养中存在着几种倾向：其一，是不少同志放松了对政治的要求，有的把提"红"看作是"左"的倾向，认为只要不反对共产党的领导，不反对四项基本原则就可以了，以致教研室的集体可以不要了，公益的事情可以不做，只埋头于自己的论文、外文。其二，有些同志，尤其是青年同志，渴望求得知识是很好的，但把学习放到不恰当的位置上，不能很好地处理工作与培养的关系，似乎一提培养就得脱产学习。甚至个别同志，教研室分配的任务不接受，埋头听课学习与读外文，没有充分认识在制订完整培养计划的基础上，通过工作实践来学习、提高，是主要的培养途径。其三，培养的目的是实现祖国医学现代化，更好地培养出高质量的符合社会主义建设要求的人才，有的同志缺乏正确的认识，凡事都从自己出发，首先考虑的是晋升、出国，不能达到目的，就怨声载道，牢骚满腹，缺乏对事业的紧迫感。其四，就是培养工作中的平均主义倾向，有的同志认为要培养就应该机会均等，对突出的人才进行重点培养不服气，否认人的智力发展不平衡性和各人主观努力的差异性，甚至反对有重点的培养。上述思想，阻碍了师资队伍的建设，阻碍了我们事业的发展。

王振义在阐明正确处理各种关系和分析存在问题危害性的基础上，提出了基础部对师资队伍（包括技术人员）建设的原则要求和具体打算，进一步明确了培养的途径：必须坚持在工作实践中提高，结合各级师资的职责，制订出具体培养计划。如青年师资的培养目标，要求在 5～7 年内在教学上达到讲师所需要达到的水平，在科研和外文上要求达到硕士研究生毕业的水平。对教授和副教授提出了双重任务：既要在学术上做出创造性工作，又要切实担负起培养下级教师的责任，发扬人梯精神。对中年教师首先要求他们继续发挥教学、科研中的骨干作用和承上启下的作用，认识"青出于蓝胜于蓝"的自然规律，缺什么，补什么，加快知识更新，努力把事业搞上去。对技术人员要求按技术人员职责试行细则培养与管理，认识重视技术队伍的重要性，切实改进培养措施。另外在培养措施的基地问题上进一步明确以教研室为主，要求教研室根据各人不同的情况，按人尽其才的原则，制定出培养计划——有目标、有时间、有措施、有检查的客观依据。同时要求教研室建立由教研室主管师资的主任负责，由全部教授、副教授参加的培养指导小组，定期进行研究和检查。[①]

1982年2月，王振义成为二医学位评定委员会委员；1984年，成为博士生导师。

---

①王振义：《扫除师资培养工作的思想障碍必须正确处理好红与专等关系》，《上海第二医科大学学报》1983年第317期。

# 第五章

# 引领教育改革的校长

20 世纪 80 年代，改革开放的春风吹遍神州大地，中国的高等医学教育也迎来了蓬勃发展的新时期。1984 年 3 月，年届六旬的王振义出任二医院长。从 1984 年到 1988 年，王振义在校长的岗位上一干就是四年。这四年是二医改革发展、开拓奋进的四年。在以王振义为首的领导班子带领下，学校试行了"校长负责制"，推行了破格晋升制度，建立和健全了各种规章制度，学校的行政管理水平和医、教、研水平有了很大提高。在开放政策的指引下，王振义还积极领导学校与国外大学、研究机构进行合作交流，大力开展国际化办学，扩大了学校在国际上的影响。

# 一、"转化医学"的先驱

王振义（1994 年）

为了加强和改善高校中党的领导，理顺党组织和学校行政部门的关系，实现党政分开，20 世纪 80 年代中期，国家教委将高校管理体制由之前的"党委领导下的校长分工负责制"向"校长负责制"转变。1985 年，上海市教委确定上海第二医学院为试行"校长负责制"的单位之一。

"校长负责制"，简单地说，就是校长受政府委托，对学校实行统一管理、全面负责的一种高校领导体制。当时上海市试行校长负责制的首选高校有两所，部属院校为同济大学，市属院校为二医。

"校长负责制"强化了以校长为中心的行政指挥系统。刚刚担任校长的王振义深感责任重大，他全身心地投入繁忙的校务工作中。他每周主持一次由党政领导干部参加的院长办公会，研究处理学校日常工作中的重要问题，组建出学校党政部门负责人及院、系、所党政负责人参加的校务会议，布置和讨论学校每一个阶段的主要工作，传达上级指示和下达具体任务。为了不断完善"校长负责制"，1987年3月，学校还成立了以王振义为主任的校务委员会[①]作为校政审议机构，依靠集体的智慧，加强对学校的民主管理。

教学是学校各项工作的重中之重。作为二医校长，王振义提出要在医学教育中贯彻"转化医学"的理念。据时任二医副校长的王一飞[②]教授回忆："王振义教授在学术委员会上反复强调基础医学必须与临床医学交叉融合，高瞻远瞩地指出一定要带着临床中的问题，开展理论与实验研究，然后还必须让基础研究的结果再回到临床实践中去考验其价值，以期切实解决临床问题，不断提高临床医学水平。换成现代流行的术语，这就是'转化医学'战略。"他认为："王振义教授是我国'转化医学'的先驱与引领者，他倡导的白血病诱导分化治疗的成功是我国转化医学的光辉范例，真正体现了转化医学战略的强大生命力。"

王振义还拿自己从医的经历举例："我在学校里面念完基础医学后做医生，做医生以后，又回到病理生理做基础研究。做了基础研究以后，又回到临床上，现在还在学基础医学，不断地看基础医学的书……生命科学要比一般科学复杂得多。做医生不能

---

①首届校务委员会成员由王振义聘任，每届任期两年，主任委员为王振义，副主任委员有王一飞、江绍基、林萌亚。

②王一飞，组织胚胎学教授，博士生导师。1986—1988年任二医副校长，1988—1997年任二医校长。

王振义（右）与王一飞（左）（2000年）

只做一个医匠，就像修鞋子的皮鞋匠，鞋子坏了我就给你修一下，这样不行。要不断学习基础医学知识，触类旁通。有了一定的知识积累，才能清楚一些临床上的疾病是怎么发生的，本质是什么，才可以有创新。从这个意义上来讲，基础和临床没有什么明确的界限，这其实就是'转化医学'的概念。"①

为适应"转化医学"的理念，王振义领导二医在教学上进行了多方面的转变与发展。

每个学期，王振义都组织全校进行教育思想大讨论，探讨学校的教育教学工作。他认为，要转化医学教研成果，将基础医学与临床医学交叉融合，首先要树立对成果"转化则兴、自封则废"的思想观念，要深刻认识到医学教研成果只有经过转化才能兴旺发达，产生效益；如不进行转化则将会废弃，没有效益。

王振义主张简政放权，加强系一级的教学管理职能，使得各系根据自身情况将基础教研与临床实践相结合，更好地贯彻"转

①王振义：《总有一天你会看到美丽的前景》，《健康报》2011年1月21日，第7版。

化医学"的教学理念。他要求各个基础教研室在抓教学、科研同时，协同学校思政部门一道重视和开展学生的思想教育工作，增强学生的学习动力，提高学生的学习效果。

为了改变传统医学教材、医学课程重基础理论、轻临床实践的弊端，王振义带领基础医学院各教研室的老师们共同设计了"以临床问题为引导的基础医学教程"，并在1986、1987、1988级三届学生中开办试点班，落实这一教改方案。他强调试点班教学要坚持三项具体要求：第一，每门课程要结合自己的特点，组织学生到医院、家庭病房、农村、工厂见习和调研，使学生理论联系实际、基础联系临床；第二，以临床问题为引导，以讨论启发式取代单纯灌输式组织教学；第三，强调学生自学为主，加强对学生动手能力的培养。

王振义指导二医实行新的六年教学计划，理论课程缩短至四年，延长实习期至两年，为医学生提供更多的临床实践机会，使学生毕业时具备较强的工作能力。

王振义重视加强外语教学，要求每门课必须有10%～20%的内容以外语形式进行教学。中法合办的医学法文班是二医的特色，在王振义任校长时期取得了良好的教学效果。1986年第一届医学法语班的部分毕业生被派往法国进修，其表现得到法国老师的好评和称赞，为学校争得了荣誉。[1]

瑞金医院原副院长郑民华就是第一届医学法语班的学生，毕业后公派赴法国斯特拉斯堡医院工作，1992年回国后在上海率先开展微创外科临床实践。目前他的胆道疾病与结直肠肿瘤的腹腔镜

---

[1] 王振义：《回顾我校发展的五年，庆祝校庆三十五周年》，《上海第二医科大学学报》1987年第S1期。

手术治疗处于国际先进水平。对于王振义老师获得最高科学技术奖，郑民华感到异常兴奋。他认为，无论是学识与人品以及对医学事业的贡献，王振义老师获此荣誉都是当之无愧的。他充满深情地说："我们是二医恢复高考制度后招收的首届医学法语班学生，当时颇有争议，是时任基础部主任、后又升任二医院长的王振义教授力排众议才坚持下来，并将我班的大部分学生都送往法国学习，这在刚刚打开国门的时候是多么不容易。虽然距离王老师给我们上课已经过了近30年了，但当时的情景仍然历历在目。王老师的英语与法语都是同样的棒，能给我们上基础课的病理生理学，也能给我们上临床的血液学。当时我们对以王振义为代表的震旦大学毕业的老师们的渊博学识都佩服得五体投地。"

1987年，王振义到法国斯特拉斯堡大学医学院讲学，郑民华和他的同学再次聆听了王老师的报告。王振义的举止言谈潇洒自如，学术水平一流，赢得了全场的热烈掌声。郑民华等中国学生顿时为能有如此为国争光的老师而感到自豪和骄傲。他们都在心里默默地发誓以王老师为榜样，努力赶超国际先进水平。

王振义（左）和郑民华（右）（2008年）

　　根据"转化医学"理念的发展趋势以及社会对新型卫生人才的需求，王振义还领导二医陆续新建了生物医学工程、医学检验、高级护理、卫生事业管理和医学营养等专业，为上海乃至全国培养和输送大量医护人才。

　　进入21世纪，"转化医学"成为医学发展的必然选择和重要途径。2011年1月15日，上海交通大学成立转化医学研究院，刚刚获得2010年度国家最高科学技术奖的王振义亲自为其揭牌。转化医学研究院的成立有利于基础研究与临床研究之间进一步打破屏障、架起桥梁，推进基础医学院研究成果尽快转化为临床治疗新技术，为促进上海乃至中国和世界医学事业的发展做出更大贡献。①

上海交通大学转化医学研究院揭牌（2011年）

---

① 《王振义院士荣获国家最高科学技术奖》，《瑞金医院报》2011年1月15日，第1版。

# 二、唯才是举

没有顶尖人才，就谈不上是一流或者著名的大学。离开人才队伍的建设，就谈不上办好高等教育。王振义担任校长期间，非常重视人才的选拔与培养，通过实施职称改革、建立破格晋升制度等，逐步构建起二医人才建设新机制。

二医的学衔评定工作始于1984年。1986年初，上海第二医科大学学衔委员会成立。上海市政府批准其有权授予助教、讲师、副教授学衔和高级讲师学衔（公共学科及社会科学学科除外）。同年，经卫生部批准，该学衔委员会又获得卫生技术和科学研究技术多个系列学衔的授予权。1986年4月，学校全面开展教学、卫生技术、科学研究等学衔的评审工作。

1986年8月，国家教委召开高等学校教师职称改革试点工作会议。会上明确提出改革高校过去单纯评定学衔的职称制度，实行"专业技术职务聘任制"，将学衔评定和具体职务聘任统一起来。高校根据教学实际需要设置专业技术岗位，设立教师职务为教授、副教授、讲师、助教共四级，在经过评审委员会认定的、符合相应条件的专业技术人员中聘任。1986年9月，二医成为上海市首批教师职称改革试点院校之一。

为做好教师职称改革工作，王振义与学校党政领导经过讨论，成立高级职务评审委员会和专业职务聘任委员会，制定了《试行教师职务聘任制条例》和《实施细则》。在教学方面，学校按国家教委下达的教师职务结构1∶2∶4∶3，卫生技术方面则按卫生部、上海市卫生局提出的1∶3∶5∶7确定教授、副教授、讲师、助教四级人员比例，由人事部门对各院、系、所、教研室定编，坚持

"以岗设人，结构合理"的原则，全面考核、择优聘任，聘、退、交流同时进行。

在教师职称改革过程中，王振义多次召集各院、系、所负责人开会，听取各单位职改进展情况，与大家一道研究拟聘任的各级职务教师名额、比例，明确各级教师职责及工作量，拟不聘的各级教师名单（特别是高年资教师名单）及原因、分流安排的意见，以及拟退休的教师名单等。经反复讨论后，人事部门将确定好的各类名单汇总，提交给各职务评审委员会进行审核。据时任二医副校长的王一飞教授回忆：

> 记得1986年在我担任副校长后不久，王振义校长找我单独谈心，从晚餐后一直谈到深夜，他坦诚地指出学校发展中的几个瓶颈因素，并尖锐地指出，"人才是强校之本"，我们要不受干扰，毫不动摇地坚持"人才强校"的方向，开拓学校工作的新局面，并数次强调"认准方向后贵在坚持"，这句话深深地印在我的脑海中。第一，他强调要认准方向，这样才能明确奋斗目标；第二，他强调一旦认准方向后必须坚持不懈，绝不能"三天打鱼，两天晒网"。王振义教授是这样想的，这样说的，更是这样做的。
>
> 在教师职称评审中，王振义要求必须兼顾教学、科研与临床三方面的业绩，并提出对晋升教授人员加试外语听力，考核其外语水平。当时，有一些人不理解他的这一做法。王振义解释说："一个不能熟练应用外语的教授是无法积极进行国际交流的，更无法使自己的科研

成果具有国际影响力。因此，教授的评审必须加强对外语能力的考核。"

经过认真评定，反复审核，1986 年 11 月，上海第二医科大学首批聘任的 53 位教授、副教授名单产生。聘书由校长王振义签发后颁发至受聘者本人。

王振义任校长期间，学校还相继进行了公共学科、社会科学、工程技术、实验技术、图书、财务、管理、政工等一系列职务评聘工作。

为加强教学与科研队伍建设，改善人才结构，调动广大青年技术人员的工作积极性，使优秀的中青年人才尽早地脱颖而出，王振义提出要实行专业技术职务破格晋升[①] 的设想。他认为，过去未看到年轻人拔尖的重要性，由于限定名额的问题，有一批优秀人才特别是年轻人才未通过评审。根据改革的需要，学校要多做一些工作，为年轻人快速成才创造机会。[②] 他主张对工作能力强但任职资历不够的青年人才进行破格晋升。他说："如果 1960 年与 1965 年毕业的水平差不多，就应该考虑 1965 年的。学校要发挥两方面的作用，要加强学术委员会对晋升资格的评定，同时，年轻的拔尖人才，提出晋升申请后，应该考虑他们。如果今年不批准，明年再申请。总之，不能埋没了人才。"[③]

---

①破格晋升是对特别优秀的工作人员在晋升职称时适当放宽资格方面的要求，如放宽工龄、基层工作经历、文化程度、任职年限等方面的资格要求。破格晋升须按一定程序报批。

②《各院部处人事干部、校学衔委员会、校教师任职资格评审委员会等会议》，1986年，上海交通大学医学院档案馆档案，档案号：4-1986DZ39-43。

③《1985年度关于职称评定准备工作会议记录》，上海交通大学医学院档案馆档案，档案号：4-1985DZ16-564。

王振义（一排右三）和时任上海市副市长谢丽娟（一排右二）参加二医35周年校庆活动（1987 年）

在王振义对"破格晋升"进行多年思考和探索基础上，1989 年6 月 3 日，二医举行了首次以实际考核和自荐答辩相结合的破格晋升聘任大会，向 25 名破格晋升者（7 位教授，18 位副教授）颁发了证书。

著名的组织工程学专家、国家重点基础研究发展计划（"973"计划）首席科学家曹谊林博士就是 1989 年首批破格晋升人员之一，被聘任为副教授。后来曹谊林到国外深

王振义（左）和曹谊林（右）（2008 年）

造，在组织工程学领域获得重大成果。1997年曹谊林回国开拓了组织工程研究。该学科发展迅速，并向其他学科渗透扩展，带动相关学科共同进步。

二医原校长沈晓明，也是通过破格晋升脱颖而出的。沈晓明1988年考入二医，1991年毕业，获医学博士学位，1993年就晋升为副研究员，1996年晋升为教授，1998年任二医附属上海儿童医学中心院长，2001年任二医附属新华医院院长，2003年任二医校长。

王振义（右二）和时任二医校长沈晓明（左二）参加二医学生学位授予仪式（2003年）

沈晓明在儿童保健方面的研究颇有建树，三次获得国家科学技术进步奖二等奖。他后来还曾任世界卫生组织新生儿保健合作中心主任，教育部和上海市重点学科——儿科学带头人，亚洲和太平洋地区新生儿筛查学会主席，国务院学位委员会学科评议组成员，中华预防医学会儿童保健学会副主任委员，《中华医学杂志》副总编，《中华儿科杂志》副主编。

王振义（右）和沈晓明（左）亲切交谈（2011 年）

学校中的一部分人持有"文化大革命"时期的工农兵学员[①]学历，这是"文化大革命"中特殊的人群，对于这部分人的破格晋升，王振义做出专门的规定：工农兵学员学历者不能参评教授系列，只能评技术员系列，即高级技师、主任技师等。时任党委书记的潘家琛[②]回忆说："学校和医院有很多岗位本身要提高才行。当时有很多重要岗位由工农兵学员学历的人占据，王振义就采取措施使这部分人继续学习和深造。对于个别同志耐不住清贫，吃不了从事医学科研的苦，王振义还奉劝他们提早放弃，另谋出路。"[③]

[①]工农兵学员："文化大革命"开始后，高考制度取消。1971年，大学重新招生。为增加工农兵上大学的机会，毛泽东坚持大学新生从工人、农民和士兵中推荐产生，而不通过高考。报名者必须当过三年以上工人、农民或士兵。中央政府把新生名额分配给各部、各省和部队，再逐级向下分配名额到工厂、县和师。由于新生的水平参差不齐，招收的学生文化水平很不理想。1977年，中国恢复高考，持续七年的工农兵学员招生成为历史。
[②]潘家琛，1984—1986年任二医党委副书记，1986—1991年任二医党委书记。
[③]《潘家琛采访实录》（未刊稿），2011年1月28日。

王振义（右）、潘家琛（左）看望荣获比利时国王授予骑士勋章的傅培彬（中）（1987年）

王振义（左）与潘家琛（右）（2009年）

在王振义的推动下，二医顺利实施破格晋升，并逐渐完善，形成制度。破格晋升制度使学校学科老化和断层的状况得到了明显改善，有效地解决了人才断层危机。多年来，二医一大批学历高、资历较浅，但充满朝气和才气的中青年通过破格晋升得以崭露头角。

# 三、狠抓重点学科建设

学科是一所大学发展的基石，一所一流的大学离不开众多一流学科的支撑。而重点学科代表着一所学校的教学水平和特色，决定着学校的竞争力和发展后劲。因此，重点学科建设在学校的全面建设中具有举足轻重的地位和作用。1984年10月，在上海市高教局首次批准的全市地方高校的21个重点学科中，二医共有7个学科获批——血液学、小儿心血管、成人心血管、消化疾病学、围产医学、整复外科和口腔颌面外科学，占地方高校重点学科的1/3。另外，医学分子生物学是市高教局和二医重点扶植的新兴学科，也被列入重点学科建设行列。重点学科建设实行动态管理，以5年为一个周期进行评定和考核。1985—1989年的五年里，上海市高教局共拨给二医7个重点学科经费911万元人民币。

对于重点学科的发展，王振义有着自己独到的战略眼光。他认为，学校的重点学科就是最具条件优势和发展潜力的学科。只有加强重点学科建设，形成学校教学与科研特色，才能提高学校的医、教、研工作的整体水平，更好树立学校在学术界的地位。为了加强重点学科的建设，王振义在担任校长期间领导学校从几个方面着手，使重点学科的建设取得了显著进展。

王振义直接从抓组织管理入手。他规定各有关职能处室都要积极配合，为重点学科建设服务：人事处要抓好梯队建设，抓紧学术带头人与接班人的业务培养，选送科技人才到国内外先进单位进修与考察，提高学术梯队的业务素质；研究生处要优先安排重点学科导师招收硕士和博士研究生的名额，选拔优秀毕业生留校；国际交流处要围绕重点学科建设开展外事活动，努力引进智力和技术；财务处除保证高教局资助金额专项使用外，还要为合理使用多渠道资助提供服务；设备处要千方百计购头所需的仪器设备，提高仪器的利用率；教务处要做好重点学科基础调查工作；重点学科所在单位指定有关领导要采取切实有效措施，抓紧落实重点学科建设工作。

王振义一直将重点学科建设作为全局性的任务来抓。经过全市多次检查评估，学校的重点学科管理工作得到一致好评，学科建设进展快，成绩显著。

王振义领导建立了校、院（系）、学科三级管理制度，在明确各级管理职能的基础上，着重加强学科一级的管理，加强宏观与微观的信息沟通，提高了学科建设管理的系统效能。他强调学科带头人是学科活动的指导者，也是学科建设的管理者，要重视学科带头人在重点学科发展中的作用。他要求，增强重点学科带头人的管理意识，明确他们在学科建设中的主导地位和管理职能，把学科接班人的选拔、中青年人才的培养作为梯队建设的突破口，以梯队建设为动力，推动学科建设向前发展。

王振义任二医校长期间，各重点学科除接受上海市高教局经费外，还开拓多种渠道争取资助，如申请中国科学院自然科学基金，申请国家级、市级有关科研课题项目，争取国外捐赠，等等。1985—1989年的五年里，二医7个重点学科共获现金资助1 265.8万元人民币，设备、试剂与图书价值220万美元，新建和改建39个实验室，添置84台（件）5万元以上大型精密仪器及一大批常规设备；共承担各级重点课题164项（其中国家"七五"攻关课题9项，国家自然科学基金课题32项），占全校研究课题的25%；鉴定研究成果61项，获奖44项（其中国家和部委级18项），占全校获奖成果的21%。五年中，7个重点学科主编和参与编写专著81本，发表论文808篇，其中100多篇登载在国际学术刊物上。中国管理科学研究院1988年公布的全国高校科学计量排序学术榜上，二医从1983年的第19位上升到1985年的第16位，7个重点学科在其中发挥了重要作用。

各重点学科在自身发展的同时，不断将科研新成果充实到教学内容中去，为本科生、研究生开设了9门新课程，编写了高质量新教材，其中《整复外科学》为英文教材。五年中7个重点学科共培养进修医师和教师（包括办班）1 219名、硕士生130名、博士生18名以及来自西方国家的进修医师10名。各重点学科先后有一批科研成果用于临床医疗，如血液学科的白血病诱导分化治疗、成人心血管学科的血管栓塞病激光治疗、小儿心血管学科的复杂型先天性心脏病的矫治、围产医学的新生儿代谢病筛查治疗、口腔颌面外科学的颌面部肿瘤的综合治疗、整复外科学的人造器官和畸形矫治、消化疾病学的早期胃癌和癌前期病变的诊治等。这些成果都处于国内领先地位，有的达到了国际水平，使广大病员得益。

重点学科发展过程中还带动了相关学科的发展，如消化学科通过科研合作和成立联合实验室的形式，带动了与消化疾病相关的微生物学、卫生学、营养学、病理解剖学、免疫学和分子生物学的发展，其

王振义（右）与天津血液学研究所副所长李家增（左）（1989年）

中免疫学和分子生物学于 1990 年还被上海市高教局批准为第二批重点学科，起到了示范带头作用。在重点学科联动效应的启发下，王振义参与制定了全校学科建设与发展的规划，建立了国家级、地方级和校级重点学科体系，促进了学校整体学科建设水平的提高。

在国际交流合作方面，7 个重点学科五年中赴国外讲学考察的有 111 人次，出国进修 51 人，参加国际学术会议 17 人次，在上海组织召开大型国际会议 2 次，接待国外专家教授来校讲学或者指导工作 70 批次，开展校际合作科研 7 项。

7 个重点学科经过五年的建设与发展，取得骄人成绩。1989 年11 月，上海市高教局对市属高校重点学科组织验收，7 个重点学科全部以 A⁻ 级成绩（最高成绩为 A⁻ 级）通过验收，其中小儿心血管病学、口腔颌面外科学和消化疾病学 3 个重点学科成绩显著，在市属 21 个重点学科的评比中名列前茅，分别排在第 2、第 4 和第 5 名。

# 四、搭起中外交流的桥梁

为顺应医学教育国际化的趋势，王振义担任二医校长期间，加强了对外事工作的领导，通过国际互访、签订协议、派遣人才出国培训、开展校际合作等方式，扩大学校之间的国际交流与合作，提高学校医学教育国际化水平，推动医、教、研各项事业不断发展。

王振义非常重视学校的外事工作的发展。他多次强调学校的外事工作必须围绕医、教、研建设和人才培养来进行，通过扩大对外交流与合作，借鉴国外医学教育的先进理念和经验，学习世界医学领域的先进技术与手段，推动与世界各国和地区校、院间友好关系的发展。在他的直接领导下，学校制订了外事工作的各项规章制度，重视提高涉外人员的思想水平和政策水平，增强外事纪律，遵守请示报告制度，使国际交流活动顺利发展，为学校提高教学医疗质量和科学研究水平服务。

王振义担任校长期间，二医共接待世界各国各类外宾 2 486 批，13 081 人次，包括政府官员、专家学者、工商企业界人士以及医学院校师生等，其中来校长期讲学的专家 22 人，短期讲学的专家 499 人，举行学术讲座 80 次；学校先后授予 66 位著名学者名誉、客座、顾问教授称号；与 20 多所国外大学、医院、研究机构签订合作协议；主办国际学术会议 6 次，参加国际学术会议 216 次，出访 369 次，多人获国外授予的荣誉称号、奖章及名誉、客座、访问教授称号。[1] 这些国际交往使广大教师拓宽了视野，促进了教学质量和科研水平的提高，也为学校的整体学术水平赶超世界先进创造了条件。

二医授予法国巴黎第五大学校长欧基埃教授名誉教授称号（1985 年）

①王一飞、龚静德、陆树范、杨舜刚：《上海第二医科大学志》，华东理工大学出版社，1997，第393—104页。

　　王振义以校长名义代表二医与美国、法国、德国、日本多所知名大学签订了校际协议，推进校际合作进入新的发展阶段，详见下表。

王振义代表二医与国外大学签订的校际协议一览表

| 时间 | 校名 | 签署地点 | 签署协议者代表 | |
|------|------|---------|------|------|
| | | | 中方 | 外方 |
| 1985 年 12 月 | 法国里昂第一大学（克罗德·贝尔纳大学） | 中国上海 | 王振义<br>潘瑞彭 | 克罗德·杜皮伊<br>比埃尔·卢伊佐 |
| 1986 年 | 美国旧金山州立大学先进医学技术中心 | 美国旧金山 | 王振义<br>陶义训 | 维别格莱·吴家伟 |
| 1987 年 | 法国斯特拉斯堡路易·巴斯德大学医学院 | 中国上海 | 王振义 | J.M. 芒兹 |
| 1987 年 6 月 | 日本岛根医科大学 | 日本岛根 | 王振义 | 桧学 |
| 1987 年 6 月 | 西德汉堡大学 | 德国汉堡 | 王振义<br>王一飞 | 彼得·费舍阿培特<br>霍尔彻 |
| 1988 年 5 月 | 法国波尔多第二大学 | 中国上海 | 王振义 | 多米尼克·迪卡苏 |

　　20 世纪 80 年代初，与大多数教育机构、科研所遇到的情况一样，二医在人才培养上面临着"人员老化、梯队断层"、人才外流、出国学习效益不明显等问题。1984 年起，王振义根据各学科发展建设需要，调整政策措施向"三个重点"（重点学科、重点课题项目承担者、重点培养学科梯队骨干）倾斜，围绕学科发展和人才培养，他大胆创造了"配套成组"这一出国学习方式，将不同层次、不同专业的中青年业务骨干集中培训，围绕一个课题、一个学科建设或共同任务目标配套成组出国学习，变被动选派为主动按需求选派。这种做法能够使出国人员在国外保持一个学科团队，凝聚在一起，共同探讨科研课题，同时尽可能获得国外资助，为国家节约经费，争取在最短时期内获得出国学习和培训的最佳效果。

二医先后选派 10 个配套组赴美国、法国、日本、加拿大等发达国家进修学习。二医附属新华医院小儿心胸外科通过"配套成组"派出方式，不但大大加强了学科整体实力，成为国内领先学科，还吸引了世界健康基金会[①]捐赠 2 500 万美元的医学仪器设备，用于建造"上海儿童医学中心"。1989 年 3 月，该基金会主席威廉·华尔希（William B. Walsh）来沪，与二医正式签订合作建造"上海儿童医学中心"的相关协议。这成为世界健康基金会在中国最大的一个投资项目。

王振义（左二）访问日本（1985 年）

"配套成组"出国学习的方式成效显著。科研人员通过学习引进国外先进技术，迅速应用于学科建设，取得明显的社会效益和经济效益；通过组队集中培养，科研人员回归率超过 90%，有效

---

①世界健康基金会（简称世健会，Project HOPE—Health Opportunity for People Everywhere），1958年创建于美国，总部设在弗吉尼亚州，是一个国际知名的非营利的健康教育组织。其宗旨是帮助人们长期有效地自助，拯救人类生命，减轻病人痛苦，帮助社区改进健康护理。

地培养高级专门人才，推动了国内学科的发展，增加了对外学术交流和联系，扩大了交流面。

与法国医学界的合作一直是二医国际交流当中的传统与特色。王振义担任校长后，二医与法国医学界的交流合作更加密切和广泛。1985年3月，法国驻华大使馆科学参赞苏里兰和文化参赞底希来二医访问，受到了王振义等校领导的亲切接见。

1986年起二医与法国医学界的学术交流合作项目被纳入政府合作渠道。

1986年二医对法11个合作项目得到落实，内容有邀请法方教授前来讲学、接受和派出进修、开展交流合作、举办双边学术讨论会，以及法语教学与法语班毕业生赴法进修等。

王振义（左二）在法国里昂市府大厅被授予名誉市民称号（1985年）

王振义（右）在法国讲学时受到法国教育部长（左）接见（1987年6月）

王振义（右）在法国讲学时受到法国总统府秘书长皮昂古（左）的接见（1987年6月）

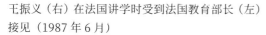

　　1986年至1989年，二医对法合作项目达38个，来自法国的15位教授来校访问讲学，8位医师来校讲修，同时二医教授17人次前往法国访问讲学，30位中青年教师医师赴法进修。

　　1987年5月，王振义应法国科学院、法兰西学院等几个单位邀请赴法访问讲学，并参加法国第9届血液学学术会议。王振义的访问讲学受到了法方热情隆重的接待。6月29日，法国总统府秘书长皮昂古代表总统在总统府接见王振义。6月30日，法国教育部长蒙诺莱宴请王振义并邀请中国驻法大使、教育处长及法国著名教授等20人参加。此外，在法期间，王振义还访问了里昂、斯特拉斯堡等地，与当地多所大学讨论了校际联系的事宜。由于同巴黎第七大学合作研究诱导分化治疗急性早幼粒细胞白血病取得巨大成就，王振义与法方合作者共同获得法国1990年"突出贡献医生"奖。

此外，王振义还积极参与了"中法医学日"活动。1985年3月，王振义担任中华医学会代表团副团长，赴法国参加第6次"中法医学日"活动，加强了与相关大学的友好联系，为中法医学界进一步交流合作创造了条件。

第五次"中法医学日"法国医学图书展览（1984年）

王振义（中）与董德长（右）、上海交通大学名誉教授凡桑同（左）一起出席"中法医学日"活动（2005年）

由于王振义在对外联系、交流、合作中做出的杰出贡献，他被授予 1990 年法国突出贡献医生奖，1992 年被选为法国科学院外籍通讯院士，1993 年被授予法国荣誉军团骑士勋章，1998 年被授予法国台尔杜加科学家奖。

王振义获得法国 1990 年"突出贡献医生"奖

王振义（后排左六）被授予法国荣誉军团骑士勋章（1993 年）

王振义（右三）被授予法国台尔杜加科学家奖（1998 年）

# 五、亲民校长

王振义任校长时，不仅为学校医教研事业做出重要贡献，而且在工作、生活中体现出许多优秀品质，折射出光彩夺目的人格魅力，赢得了所有人的敬仰和尊重。

医学专业出身的王振义是位专家型校长。他不回避矛盾，不推诿责任，如同绝大多数知识分子一样关心国家前途、国家利益，关注社会上的重要现象，并发表自己的观点。20世纪80年代高校思想领域出现了一些问题和冲突。他坚定地强调学校最重要的工作是教育人，教学秩序不能受到外界的影响和干扰。

当时担任二医党委副书记的林荫亚曾与王振义有过一次关于"什么是社会主义"的探讨。林荫亚回忆说："王振义问我：什么是社会主义？我回答：社会主义是充分调动人的积极性。他马

王振义校长出席学生会召开的教改座谈会（1985年）

上说要各尽所能，我又脱口说是各得其所。此后，'各尽所能，各得其所'成了我在二医工作时的主要思想。"她充满深情地说："我和其他一些校友一样习惯称呼这位专家校长为王医生，王教授乐意我们这样称呼他。因为王医生接近病人，接近老师，接近学生，因此他的思路也会从病人、从教师和学生的利益出发，和他一起工作的人从中也可获得启发。他反对不正之风。有件事我记得很清楚，有一次发现中层以至个别领导拿'好处'，王医生和党委书记一起坚持追问以堵截不良风气。在王医生身上找不到一丁点想利用领导职位谋取个人利益的痕迹。无怪乎他离职后仍然是一部旧脚踏车骑进骑出，笑容可掬地回应我们'王医生早''王医生好'的亲切招呼。"她说："王振义教授是一位正直、爱国的知识分子。和他一起工作时听不到他的豪言壮语，却能学到他务实的作风，听不到他的慷慨陈词，却能感受到他对国家、对医学、对教育事业的无比忠诚。"[1]

王振义对学校党委的工作大力支持。潘家琛回忆起当年与王振义合作共事的日子时说："对于党委的工作，王振义常常提出自己的建议；对于党委的决定，王振义也是坚定支持。工作中遇到和同事们意见相左时，王振义会积极地找党组织处理，与组织进行交流和谈心，希望组织提出工作上的建议，把问题解决。这体现了王振义对党组织的尊重与信任。虽然王振义是一名党外人士，但是我们合作过程中，关系非常融洽。"[2]

王振义非常注重尊师重教。刚刚担任校长不久，王振义就

①林荫亚：《一位正直爱国的老教授》（未刊稿）。
②《潘家琛采访实录》（未刊稿），2011年1月28日。

到邝安堃、余㵆、黄铭新①、兰锡纯②、叶衍庆③、倪葆春④等二医老一辈教授、学者家中，登门拜访。逢年过节，王振义也组织学校领导班子成员看望老教授，向他们介绍学校的发展情况，送去学校的温暖。王振义还多次组织召开座谈会，促使学校形成尊师重教的风尚，在学校发展过程中发挥老一辈医学专家的余热。

王振义为人低调谦逊，待人真诚友善。作为国内血液学领域的知名专家，王振义从不对任何人摆架子。即便是担任校长后，王振义也乐意大家称呼他为"王医生"。他常常在百忙之中抽空到血液病房看望病人，激励他们鼓足勇气战胜病魔。他也经常与教师和学生进行座谈，听取大家对学校教学、科研的意见和要求。

1987 年第 15 期《支部生活》介绍二医师生自编自导的政治思想教育录像片

---

①黄铭新（1909—2001），内科学家，一级教授，曾任二医医学系主任、附属仁济医院院长，上海市免疫研究所第二所长。

②兰锡纯（1907—1995），外科学家，一级教授，曾任二医院长、顾问，上海生物医学工程研究所所长等职。

③叶衍庆（1904—1994），骨科专家，一级教授，曾任二医医疗系主任、上海市伤骨科研究所所长等职。

④倪葆春（1899—1997），医学教育家、一级教授，曾任圣约翰大学医学院院长，二医副院长、顾问。

王振义（二排左四）、潘家琛（二排左一）、钱永益（三排左三）、林荫亚（二排右一）等校领导与余㵑（一排左四）、潘儒荪（一排左五）、张鸿德（一排右一）等老教授合影（1985 年）

王振义（左二）祝贺兰锡纯执教 50 周年（1985 年）

王振义（右三）和潘家琛、林荫亚、郑德孚等一起看望兰锡纯教授（1986年）

　　他从不对任何人摆官架子，是师生心目中当之无愧的"亲民校长"。人们常常能够看到一个60多岁的老人，踩着辆破旧的自行车，车把上挂着黑色公文包，骑行在来往学校的路上。遇到学校的教授名师、保洁员、保安，甚至在校学生，他都会带着灿烂的微笑，热情地与大家——问候。

　　学校车队驾驶员徐为民是一名普通职工。几年前，他从部队复员后，就一直为学校领导开车。勤恳踏实的他得到包括校长王振义在内的很多校领导的赞许。

　　一天晚上，徐为民的母亲因突发血栓性疾病被送到上海市第九人民医院救治。由于医疗条件的限制，医院对病情的诊治没有十足的把握，这让徐为民心里很是着急。次日上午，天下起了大雨。为了不耽误校领导用车，徐为民安顿好母亲后，仍然按时到单位上班。王振义碰到忧心忡忡的他，关切地问："小徐，怎么愁眉苦脸

王振义（右）在瑞金医院（1990 年）

的，出了什么事情吗？"

徐为民紧蹙着眉，低垂着头，回答说："老母亲害了血栓病。人已经住在九院了。可……可听医院说他们也没什么好的治疗办法……"说到这里，这个曾经在军营历练的男子汉不禁流下眼泪。

"小徐，别急，别急。"王振义搂着徐为民的肩膀，安慰他，"你忘了我就是搞血液病的吗？我会抽空到九院去看看的。"

听王振义这么一说，徐为民顿时止住了眼泪，感激之情油然而生："王校长，谢谢您！谢谢您！"王振义摆摆手："不用，不用。"

当天下午，尽管风雨交加，但年逾六十的王振义还是穿上雨披，踩着自行车，特地赶到了九院。王振义详细了解徐为民母亲的病情后，和九院的医生进行了讨论，并到病床前进行了仔细观察。徐母的身体很是虚弱，腿部出现大面积浮肿。根据以往的临床经验，王振义用人参煮水，给徐母服用。

第二天，徐为民母亲的浮肿症状稍稍缓解后，王振义立即安排她转到瑞金医院的病房，组织血液科等相关科室专家进行会诊。在此后的日子里，徐母一直住在瑞金医院。在王振义的亲自关照下，经过瑞金医院专家的诊治，徐母最终获得康复。

几十年过去了，即将退休的徐为民每每讲到此事，总是热泪盈眶。

与王振义共事过的人都从他身上获益良多。王一飞曾经是王振义的学生，在王振义身边工作了20多年，他不仅是王振义极为信任的助手，也是王振义的工作搭档。谈到老师时，王一飞说："1984年我被任命为二医基础部主任，我的前任是王振义教授；1988年我又站上了二医校长的岗位，我的前任也是王振义教授。所以我是幸运的，机缘让我能直接聆听王振义教授的教诲，并接受他的亲自指引。王振义教授是我们的榜样，是我们的楷模，作为王振义教授的学生，我们要学习他一辈子，效法他一辈子。"

王振义（右二）、王一飞（左一）与法国斯特拉斯堡大学医学院二任院长合影（1994 年）

上海交通大学医学院

169

# 第六章

# 全球癌症诱导分化第一人

20 世纪 80 年代，王振义开创了肿瘤的诱导分化疗法，首创用国产全反式维甲酸治疗急性早幼粒细胞白血病，使这种凶险、高病死率的急性白血病缓解率达到 95%，5 年生存率在 2011 年已上升至 92%，树立了基础医学与临床医学结合的成功典范。他毫无保留地将这一成果推广至全世界，与国内外同行分享，为世界医学界恶性肿瘤的治疗做出开创性贡献。王振义也由此获得国际癌症大奖"凯特林医学奖"等多项荣誉，并当选中国工程院院士。

# 一、将癌细胞"改邪归正"

癌症严重危害人类的生命健康。全球每年有 1 200 万新发癌症病例，超过 700 万癌症患者死亡。在我国，每年新增癌症患者近 200 万人。

20 世纪 80 年代，日本著名影星山口百惠、三浦友和主演的电视连续剧《血疑》曾轰动中国，那个纯情、可爱的少女幸子因一次意外患上了白血病。山口百惠把幸子因遭受白血病的折磨而变得曲折、痛苦的命运演绎得淋漓尽致，征服了亿万观众的心。

也许就是从那时起，很多中国人开始认识到了白血病的狰狞和恐怖。白血病是造血系统的一种恶性肿瘤，被称为"血癌"。人体的造血工厂——骨髓具有许多造血干细胞和前体细胞，这些造血细胞不断分裂、增殖，发育成白细胞、红细胞和血小板等，源源不断地被输送到全身血液中。若人体的造血细胞在致癌因素的作用下发生癌变，造成大量的幼稚细胞毫无控制地疯长或因生存能力异常增高而堆积，出现于骨髓及其他组织器官中并进入周围的血液，便形成了白血病。

近年来，由于生活质量的提高，生活、饮食习惯以及居住、工作环境的改变，我国癌症的发病率较以往有所升高，且发病年龄也趋于年轻化。

肿瘤细胞是细胞在分裂与分化过程中发生差错，以至于细胞停留在分裂周期，不能进行终末分化的细胞。国外学者梵·波特（Van Potter）认为，细胞分化被阻断是正常细胞癌变的一个关键问题。在过去的半个多世纪中，肿瘤之所以难以被彻底攻克，是因为目前在临床上广泛应用的手术、放疗、化疗等传统治疗手段，虽然能有效地杀死快速增殖的肿瘤细胞，但同时对正常细胞、组织也有损害。这往往导致患者在治疗过程中出现严重并发症，身体状况急剧下降。此外，传统疗法可能对于一部分肿瘤干细胞或者肿瘤起始细胞无法做到彻底清除，最终导致患者肿瘤复发甚至死亡。

白血病类型繁多，病死率高，在我国被列为十大恶性肿瘤之一，其病死率在儿童及 35 岁以下成人中居恶性肿瘤病死率的第一位。按起病的缓急和细胞学形态，白血病分为三种大的类型：急性、慢性和特殊类型白血病。在我国，急性白血病最为多见。患者若不经特殊治疗，平均生存期只有 3 个月左右。[1]

作为一名救死扶伤的临床内科医生，一名长期在血液学领域从事教学和科研的专家，王振义已经和白血病这个恶魔较量了 20 多年。每当看到患者化疗时的痛苦呻吟，每当目睹患者与亲属间的生死离别，王振义的心比刀割还要难受。王振义下定决心，要在白血病的治疗上有所突破。

---

[1] 袁长吉、杨智源：《白血病诊断与治疗》，吉林人民出版社，2006，第12-13页。

在 20 世纪之前，白血病被认为是"不治之症"。对于白血病，最早、最常规的疗法是支持疗法。20 世纪以后，逐渐发展出放射治疗（放疗）、化学治疗（化疗），20 世纪 70 年代又发展出联合化疗、骨髓移植和中医治疗等。

当时，由于医学上治疗白血病的西医药物很少，王振义希望在中医方面找出一些药物，与西医结合起来医治白血病。他与同事们到乡间采风，将民间传说中的一些秘方、草药收集起来，采用中西医结合的方法进行了很多的尝试。例如，王振义听说民间用蟾蜍（俗称癞蛤蟆）身上的浆液"以毒攻毒"，贴在患者的肿块上可以消肿去痛，他就设想是否可以利用蟾蜍来治疗白血病。后来，王振义和孙关林等人到上海崇明县，在当地卫生防疫人员的支持下，从蟾蜍的皮上提炼出化学物做针剂，用来治疗白血病，但临床疗效并不理想。[1]

化疗是医学界广泛使用的治疗白血病等恶性肿瘤的方法之一。该疗法始于 20 世纪 40 年代，采用的思路是通过化学药物杀死和消灭癌细胞来治疗白血病。由于白血病的癌细胞会从骨髓、血液逐渐扩散到全身各个组织和脏器，化学药物在杀伤癌细胞的同时，也会造成健康细胞和免疫细胞的严重损害，使得本来

王振义在实验室（1979 年）

---

① 《孙关林采访记录》（未刊稿），2012年9月12日。

就处于癌症侵袭下的机体雪上加霜。许多白血病患者在化疗后出现感染、发热、出血、贫血等不良反应，特别是对于中晚期或身体虚弱的患者，盲目使用化疗不仅会导致病情迅速恶化，更会加速患者的死亡。此外，化疗对于一小部分类似于正常干细胞的肿瘤干细胞或肿瘤起始细胞（tumor-initiating cell）没有清除作用，最终导致肿瘤复发和患者死亡。因此可以说，化疗是一种"玉石俱焚"的疗法，无法达到根治白血病的目的。

由于化疗等传统疗法存在上述弊端和不足，国际医学界一直在探索治疗白血病的新思路和新途径。除了杀死白血病肿瘤细胞的传统治疗方法外，有无可能通过将恶性肿瘤细胞转化为良性细胞进而治疗白血病尚不得而知。

20 世纪 20 年代以前，人们一致认为肿瘤细胞具有不可逆性，也就是说癌细胞不可能转化为正常细胞。而 1927 年，库欣（Cushing）和沃尔巴克（Wolback）首次报道一例晚期神经母细胞瘤自发转变为良性星形胶质细胞瘤的病例。1961 年，G. 巴里·皮尔斯（G.Barry Pierce）首先提出肿瘤分化治疗的概念。1971 年，英国的弗兰德（Friend）等人发现了二甲基亚砜（DMSO）能够使恶性白血病细胞发生成熟分化，恢复一定的功能。

1978 年，以色列科学家赛克斯（Sachs）在小鼠实验中证明，可用诱导分化剂使白血病细胞分化成熟，逐渐逆转成为正常细胞，进而提出肿瘤细胞的诱导分化治疗理论。他认为，在正常个体的发育过程中，通过细胞分化增加细胞类型，能构成生物体的不同组织、器官和各个系统。细胞分化具有稳定性并且受多种机制调控，但是在某些特定条件下，在已经具有增殖能力的组织中，已经分化的细胞仍可能重新获得分化潜能，这种现象被称为"去分化"。

对于已经分化到某一阶段的肿瘤细胞而言，如果能找到某一特定条件或者特殊药物，则有可能使其增殖减慢、分化加强，并最终走向正常终末分化。这一过程最终可使肿瘤细胞"改邪归正"，减少对正常组织的损伤而且使得残留肿瘤干细胞也可以按照预定方向进行分化，使得患者在"治标"的过程中获得"治本"的疗效。此外，细胞凋亡（apoptosis）又称为程序性死亡，是由基因控制的细胞自我消亡的过程。肿瘤细胞的增殖正是细胞凋亡过程受抑所导致的，其中 *TP53*、*Bcl-2*、*Bax*、*C-Myc* 等几个原癌基因的改变起着重要作用；肿瘤细胞中，端粒酶始终保持在高活性，也抑制了凋亡的启动；*Caspase* 是细胞凋亡的主要执行者，肿瘤细胞中其往往处于失活状态，使得肿瘤细胞克隆无法清除；此外，其他诸如蛋白激酶 C（PKC）和 cAMP 等信号分子也参与了细胞凋亡过程。

1992 年，英国科学家希克曼（Hickman）等人首次提出可以将诱导肿瘤细胞凋亡作为以后肿瘤治疗研究的主要目标和手段，诱导肿瘤细胞凋亡治疗逐渐成为国际肿瘤研究的一个热点。

上述肿瘤细胞诱导分化的理论和实验虽然只是体外研究，但给当时潜心研究白血病治疗方法的王振义巨大启发。对于一直在黑夜中探索白血病治疗"突破口"的王振义来说，诱导分化的创新思路犹如一道划破夜空的闪电，瞬间照亮了他前进的道路。这种将癌细胞诱导分化的思想，与王振义长期以来所秉持的价值观念不谋而合。王振义回忆起青少年读书时就理解的儒家名言："以善服人者，未有不能服人者也"，"择其善者而从之，其不善者而改之"。他试着通过参悟儒家的哲学思想开辟一条治疗白血病的新思路，即不用传统的化疗方法来"杀死"白血病细胞，而是用某种药物作诱导分化剂，阻止白血病细胞到处疯长、蔓延，引导其向良性方向分化，逆转发育成正常细胞。这样既对机体自身的细胞和组织没有或少有毒性作用，也使癌细胞自行消亡，白血病得到缓解或痊愈。

王振义抛却传统化疗中"杀死"癌细胞的做法，转变为通过诱导分化剂，将癌细胞这个"坏人""教养改造"为"好人"，使其成为正常细胞。他拿教育小孩子的例子作比喻：肿瘤细胞就像学坏了的孩子，打他还是教导他呢？打孩子，不仅解决不了根本问题，还会引起孩子的逆反心理，影响孩子健康成长。正确的方法就是诱导分化，劝导小孩子不要学坏，要做好人，最终达到"改邪归正"的效果。

诱导分化治疗蕴含着"与人为善""化敌为友"的中国传统儒家思想，成为王振义日后研究和治疗白血病的理论源泉。

1979 年，瑞金医院正式成立血液病研究室后，王振义开始进行白血病细胞的诱导分化研究。他先是同血液科的孙关林[1]等医生反复商量，把"诱导分化"确定为研究和治疗白血病的主攻方向，随后，带领自己的研究生陆德炎[2]等在血液病研究室开展筛选诱导分化剂的研究工作。

每天早上，王振义总是第一个到研究室，将事先拟好的具体实验大纲交给学生，晚上他还会召集大家总结研究体会和心得，并与大家讨论实验数据和结论。讨论到兴头上，大家常常忘了时间，就索性留在单位打地铺休息。平日工作时间里，当时是基础医学

---

①孙关林，1962年毕业于二医医学系，现任上海交通大学医学院内科学教授、博士生导师，瑞金医院血液科主任医师。
②陆德炎，南通大学附属医院血液科主任医师，1979级二医硕士研究生，1982年毕业。

部主任的王振义处理完行政事务后，仍经常到研究室查看和指导学生进行实验。

寻找到一种可以用作诱导分化剂的药物，是诱导分化研究成功的关键。王振义和学生们一起在找寻诱导分化药物的过程中摸索前行。具有细胞诱导分化作用的物质大致可分为七大类，即维甲类化合物、极性化合物、嘌呤及嘧啶同类物、同时具有细胞毒作用和促分化作用的物质、维生素 $D_3$、干扰素和细胞生长因子。每一类物质又包含几种至上千种数量不等的物质。要在这茫茫物质之海中寻找出一种有效的物质，可谓大海捞针。

然而，更为艰难的是当时简陋的研究条件。刚刚经历了 10 年"文化大革命"，中国的医药科研事业还未完全恢复。瑞金医院虽地处东海之滨的上海，在血液病研究和治疗中处于全国领先地位，但是研究条件很不理想，实验室面积狭小、设备简陋、资金短缺。四五平方米简陋的"灶披间"①要具备诱导分化培养室、操作室和办公室的功能，却连最基本的培养细胞的温箱都没有，一些重要的实验仪器还需要到新华医院等其他单位去借用。陆德炎在回忆当年的工作情景时非常感慨："当时，整个二医本部和瑞金医院的科研设备非常简陋，经费十分短缺，连起码的超净工作台、$CO_2$ 培养箱都没有，细胞培养的操作只

王振义在工作（1979 年）

①上海方言，即厨房。

能在细菌接种用的玻璃罩下进行，用点烛法模拟 5%$CO_2$ 环境。因此，常常发生污染，导致实验失败。"[1]

在艰苦的条件下，王振义带领着学生从确定研究方向到筛选诱导分化物质，尝试了无数种方法，测试了无数种药品，付出了巨大的心血，但结果一无所获。

实验毫无进展，使团队成员心急如焚，情绪也逐渐变得焦躁起来。但王振义内心仍然无比坚定。他不断告诫大家："万事开头难。科学研究最忌讳的就是浮躁，清贫与寂寞常常是科学家最好的朋友。中国有句老话叫作'贵在坚持'。科研工作切莫操之过急。要想搞好科研，做好学问，就必须心存坚定执着的信仰，就必须具有锲而不舍的治学精神。"

1980 年，王振义与孙关林等人去上海科学会堂聆听西班牙医生格索瓦尔（Gosalvez）的学术报告。格索瓦尔用一种名为硫杂脯氨酸（TP）的氨基酸使肿瘤细胞逆转，治疗头颈部实体瘤，并在临床上给上额窦肿瘤患者使用，取得了良好的效果，使用之后，患者的肿瘤细胞向成熟分化。

由于西班牙学者在基础研究和临床上都测试成功，且此药本身是氨基酸，毒性不大，王振义决定将此药引入白血病肿瘤细胞分化中。他联系当时的上海医工院，合成出硫杂脯氨酸，指导自己的硕士研究生陆德炎发现硫杂脯氨酸仅可改变白血病细胞的一些生物学行为，如对正常造血细胞的抑制作用有所减弱，但不能使白血病细胞完全逆转为正常细胞。[2]

---

[1] 陈德炎：《巍巍高山》（未刊稿），2014年1月。
[2] 陆德炎、孙关林、陈竺，等：《硫杂脯氨酸对L6565小鼠骨髓细胞在扩散盒中增殖的影响》，《上海第二医学院学报》1983年第3期。

随后，王振义从文献上获悉，美国的布雷曼（Breitman）等人报道，人类髓系白血病细胞株 HL-60 和 U937 及新鲜急性早幼粒细胞白血病细胞在 13- 顺维甲酸（13-cisretinoic acid）作用下，可以向正常细胞逆转。1983 年，美国学者弗林（Flynn）用 13- 顺维甲酸 [①] 转化急性早幼粒细胞白血病中的癌细胞并试验成功。

维甲酸是一种治疗痤疮、结节病、酒糟鼻、毛囊炎等皮肤病的药物。急性早幼粒细胞白血病则是白血病中最为凶险的一种，5 年生存率仅为 10% ～ 15%。该病发病急骤，病程短促，死亡快。快到什么程度？患者从送进医院到死亡，往往不超过一星期，不给医生诊治留一点点机会。

原本治疗皮肤病的药物竟可以用作诱导分化剂，转化癌细胞！美国学者的发现犹如清晨的一缕曙光，孕育着希望，震动了整个医学界，也驱散了笼罩在王振义心头的阴霾。

王振义心想，既然美国人用 13- 顺维甲酸有效，我们也来试试呀。找到了诱导分化剂，下一步便是将其运用到临床。他开始摸索着用 13- 顺维甲酸进行诱导分化试验。

然而，问题出现了。当时国外报道的 13- 顺维甲酸只在香港有，内地还没有。该药须从美国进口，单个疗程就要花费 2 000 美元，价格十分昂贵。这对于一般中国老百姓来说是无法负担得起的。费用巨大是一个方面，治疗的效果也不太理想。当时，上海仁济医院的欧阳仁荣研究团队专门从美国购买 13- 顺维甲酸，用在临床上观察疗效，一个疗程结束，白血病患者体内的癌细胞基本没有出现转化的迹象。

---

①维甲酸（RA）又称视黄酸，为维生素A的衍生物，属于皮肤病用药，适用于严重而难治的痤疮，也可用于治疗其他角化性疾病、结节病、酒糟鼻、毛囊炎等。根据结构不同，有13-顺维甲酸（13-CRA）、全反式维甲酸（ATRA）和9-顺维甲酸（9-CRA）。

一个疗程效果为零，那么究竟几个疗程可能有效果呢？谁也说不清。也许要1年、3年、5年！这可是要准备打持久战的！短暂的欣喜之后，王振义又陷入了深思。难道，这仅仅是空欢喜一场？

王振义没有动摇对维甲酸的信心，他决定另辟蹊径。他坚信维甲酸被证明可转化急性早幼粒细胞白血病的癌细胞，这是一个重要前提。

20世纪80年代初，国内厂家已经能够合成出全反式维甲酸（all-transretinoic acid，ATRA）。全反式维甲酸是顺式维甲酸的同分异构体，也属于维甲酸，在国内临床上已用作治疗皮肤类疾病，且价格极为便宜。由于反式维甲酸相较顺式维甲酸的毒性要大，临床上使用的剂量是非常小的。国外医学界之所以鲜有人用反式维甲酸进行转化白血病癌细胞的研究，也正是因为其不良反应较大。王振义认为既然反式维甲酸可以用作治疗皮肤疾病的药物，那就存在用作其他方面的药物的可能性。因此，王振义下决心用全反式维甲酸进行体外细胞诱导分化培养的相关实验。

王振义了解到当时上海第六制药厂在生产全反式维甲酸，就让孙关林等人去该厂联系，对方非常配合。孙关林回忆说："当时的情况和现在不一样，那时不是市场经济。上海第六制药厂的同志们看到我们需要全反式维甲酸，是对患者有好处嘛，就生产给了我们。我记得，当时他们的厂长工程师、技术员听说这药可以试着治疗白血病，都很乐意，并且是免费给我们的。当时，他们生产的药物是按公斤计算的，一公斤、一公斤的。我们只要几微克就可以了，所以，他们听说只要几微克做实验，就不要我们的钱，送给我们了。"[1]

---

[1]《孙关林采访记录》（未刊稿），2012年9月12日。

拿到全反式维甲酸后，王振义指导自己的研究生黄萌珥[1]，将该药用于体外实验，看看该药是否对白血病细胞起分化作用。功夫不负有心人，经过反复验证，曙光终于出现。在实验中，王振义惊喜地发现，上海第六制药厂生产的全反式维甲酸将早幼粒细胞株 HL-60 和急性早幼粒细胞白血病细胞诱导分化为正常细胞。这证明了国产的全反式维甲酸不仅能成功诱导癌细胞"改邪归正"，而且效果远远好于美国人报道的 13- 顺维甲酸的诱导分化效果。[2]

多年的艰辛探索和刻苦钻研，终于收获了回报。实验的成功使整个科研团队欢欣鼓舞，许多人难掩激动的泪水，喜极而泣。这一刻，王振义却显得极为淡定。他知道，诱导分化的研究才刚刚开始。

又进行了一年多的实验，王振义和他的学生们的研究不断取得进展，他们通过显微镜清晰地观察到，越来越多的急性早幼粒细胞白血病细胞在全反式维甲酸作用下，奇迹般地"改邪归正"，转化成了正常成熟的细胞。从 1979 年到 1986 年，经过长达 8 年的不懈探索，王振义和自己的学生终于将全反式维甲酸诱导分化急性早幼粒细胞白血病细胞的结论确定下来。

此时此刻的王振义在等待着一个宝贵的契机，一个可以把全反式维甲酸从实验室推向临床实践的契机。等啊等，这个契机终于出现了。

---

①黄萌珥，二医1984级研究生，现为法国国家科研中心终身研究科学家、博士生导师。
②黄晓军：《维甲酸与白血病治疗》，《临床荟萃》1992年第6期。

# 二、白血病治疗的革命

1986 年 5 月的一天，一对夫妇抱着个五岁大的女童，焦急万分地冲进了位于康定路 2 号的上海市儿童医院。[1] 这位名叫小静（化名）的孩子面色惨白、神情虚弱。经诊断，她患的正是白血病中最为凶险的急性早幼粒细胞白血病，当时白细胞数量已超过 $20 \times 10^9/L$，病情相当严重。

当时正在值班的血液科医师景虹和血液科顾问谢竞雄决定马上给小静按照常规方法进行化疗。经过一个星期的疗程后，效果非但不理想，小静还出现了并发症，高烧顽固不退，口鼻出血、血尿、肛周严重感染等接踵而来。白细胞数量暴跌到 $1.1 \times 10^9/L$，中性粒细胞只有 32%，剩下的只有原始细胞。

小静的生命危在旦夕。父母整日守在女儿的病床边，一刻都不忍离开，生怕不经意间就会与自己的孩子阴阳相隔。医院多次向小静的父母发出了病危通知。绝望与无奈中，小静的父母几乎就要放弃。

小静的病情，王振义的妻子谢竞雄看在眼里，急在心头。回到家中，她便把这一病例告诉了王振义。王振义听闻小静患的是急性早幼粒细胞白血病后，马上想到了自己正在研究的全反式维甲酸。他建议用全反式维甲酸对小静进行一次尝试。

"全反式维甲酸？你们一直研究的诱导分化剂？"谢竞雄不

---

[1] 上海市儿童医院系1937年由我国著名儿科专家富文寿、中国现代儿童营养学创始人苏祖斐等人创建，1954年与上海市儿童保健院合并更名为上海市儿童医院，2003年3月又成为上海交通大学附属医院，是一所集医疗、教学、科研、保健、康复于一体的三级甲等综合性儿童医院。

禁一愣，"你们的实验，虽说已经证明全反式维甲酸可以诱导分化急性早幼粒细胞，但还在体外研究阶段，现在就用于临床上，是不是太冒险了？"

"我们研究这个药这么多年，已经很好掌握了它的特点，我对这个药很有信心。"王振义自信地回答。

"这可不是一般的冒险，事关人命呐！"谢竞雄还是不放心。

王振义（左）和谢竞雄（右）在法国罗远俊家（1987 年）

王振义（左）和黄萌珥（右）与法国巴黎第七大学的教授合影（1987 年）

王振义理解谢竞雄的担心，但他最终还是说服了自己的妻子："如果不用这个药，小姑娘肯定死掉，与其这样，为何不用全反式维甲酸去尝试一次呢？！况且我们做研究的目的就是应用于临床，就是治病救人。这个药已经实验成功，现在不用，就会推延，但是它总要被开发使用的。我愿意让它尽早出来，越早越好，越快越好，这样就可以给更多的白血病人带来希望。"

当时要在临床上使用全反式维甲酸，的确存在很大的阻力。瑞金医院血液科原主任沈志祥（王振义的1980级硕士研究生）后来回忆说："第一是因为这个药的效果，大家还不是很清楚，第二，白血病这个疾病的风险很大，用这种新药治疗一个风险很大的病人，医生面临的风险就更大，因此当时反对的意见很多。当时王振义老师非常生气，他说如果出了事，由他一个人承担。他都这么说了，我们就开始使用。"[1]当然王振义也不是没有根据的，他已经研究这个药8年了，他比谁都更清楚全反式维甲酸。

和谢竞雄仔细研究小静的病情，并征得孩子家长同意后，王振义决定给小静口服全反式维甲酸粉剂。奇迹出现了。小静只吃了一个星期左右，病情就马上出现了转机，中性粒细胞超过60%，原始细胞没有了，高烧也退了下来。一个月以后，血小板数值上升到15.8万/毫升。来势汹汹的白血病终于缓解了，小静重新回到了美好的童年生活。[2]尚处在研究阶段的全反式维甲酸就这样神奇地挽救了一个小女孩濒死的生命。

几十年过去了，小静依然健康地生活着。当初充满稚气的小

①操秀英：《王振义：正癌第一人 热血仁心度苍生》，《科技日报》2011年1月15日，第9版。
②陈挥：《心事化尽尘缘中：荣获国际癌肿研究最高奖的中国工程院院士王振义》，《中华英才》1997年第5期。

女孩已经变成亭亭玉立的大姑娘，小静永远忘不了赐予自己第二次生命的白衣天使——王振义。

王振义通过临床实践，证实了自己采用全反式维甲酸的决定是完全正确的，也为肿瘤诱导分化疗法这一国际医学界新的思路和理论提供了成功的范例。

10 年后的小静（1996 年）　　　　　王振义和小静（2006 年）

全反式维甲酸在小静身上的成功，让王振义信心倍增。

王振义决定将这一神奇的药物应用到更多急性早幼粒细胞白血病患者身上。他让自己的学生骑着自行车到上海各个医院去寻找急性早幼粒细胞白血病病人，每找到一个病人，王振义就亲自去和医院方面沟通，和主治医师商量，说服患者试用全反式维甲酸进行治疗。

谈到当年跟随王振义寻找病人的经历，黄萌珥表达了对恩师的崇敬之情："王振义教授到各个医院，建议病人尝试全反式维甲酸，是担着巨大压力和风险的。他当时是上海第二医科大学校长，国内知名的血液学专家，治疗过程中一旦出现什么问题和差错，不仅自身会名誉扫地，甚至之前医治小静的功劳也会被人质疑。

但王老师一心只想着治病救人，只想着能够医治好更多急性早幼粒细胞白血病患者，其他则全然不顾。"

王振义和学生们跑遍了全市的医院，用全反式维甲酸对那些被认为已经没有希望的急性早幼粒细胞白血病病人进行治疗。结果，在首批接受治疗的 24 例病人中，23 例得到了完全缓解，完全缓解率超过 90%。

王振义再一次用全反式维甲酸创造了白血病治疗史上的奇迹！

这时的王振义才终于露出了久违的笑容。"身穿白大褂是我一生最幸福的时刻，看到急性早幼粒细胞白血病患者，经讨自己的努力和劳动，摆脱疾病，走向健康，这是我最感欣慰的。"王振义说。

王振义通过全反式维甲酸成功治疗急性早幼粒细胞白血病的事迹迅速在国内传播开来。

王振义（右二）和血液科的同事一起讨论工作（1989 年）

王振义（右三）和血液科的同事一起讨论工作（1989年）

　　由于这种治疗方法用药简单方便（口服），价格低廉，副作用小，缓解率高，又不受医疗设备等条件的限制，很快在全国得到推广，被我国临床治疗工作者称为是一种适合中国国情的良好疗法。全国各医院先后用这种治疗方法使700多例急性早幼粒细胞白血病患者的病情得到完全缓解。

　　王振义的这一疗法在国际上也产生了重大影响。1988年王振义发表在国际学术权威性刊物《血液》的论文《全反式维甲酸治疗急性早幼粒细胞白血病的研究》引起国际医学界广泛重视，先后被《自然》《科学》《细胞》《欧洲分子生物学学会杂志》《美国科学院院报》等国际前沿学术期刊引证，是我国被国外引用次数最多的论文之一，获得了国际权威学术信息机构美国科学信息研究所（ISI）引文经典奖。

该疗法在国外医疗实践中也得到了广泛的证明。1988 年，法国巴黎第七大学附属圣·路易医院血液研究所劳伦·德高斯（Lauren Degos）教授、日本名古屋大学的大野教授应用王振义提供的全反式维甲酸治疗急性早幼粒细胞白血病，也获得了较好的疗效。美国、意大利、澳大利亚、古巴等国以及中国的港台地区也纷纷证实了这一新的治疗白血病的方法。1995 年，美国《科学》杂志在报道该科研成果时指出，国内外应用全反式维甲酸治疗白血病的病例已在 2 000 例以上，完全缓解率为83%~90%。[①]

王振义把自己具有突破性的科研成果毫无保留地展现在全世界面前，没有去申报奖项，也没有申请专利。有人认为他这样不计名利的行为太傻了，对此，王振义却说："一个医生，总要千方百计地寻找和发现一种疗效最好的药物。国产全反式维甲酸能使白血病病人痛苦少了，副作用少了，钱花得少了，我们怎能不迅速向国内外推广呢！一个医学科学家不光要具有独立思考的本领，更要具有宽广的胸怀和无私奉献、不求回报的精神。"

自信、果敢、无私、博爱，这就是王振义。

---

①陈挥：《心事化尽缘中：荣获国际癌肿研究最高奖的中国工程院院士王振义》，《中华英才》1997年第5期。

王振义（中）获
美国海姆瓦塞奖
（1993 年）

王振义在工作
（1997 年）

王振义（右）与德高斯（左）
在中法医学日活动上重逢
（2005 年）

王振义（右二）在首届"解放健康讲坛"上（2010年）

王振义（右）接受外国记者采访（2010年）

# 三、创建上海血液学研究所

王振义运用全反式维甲酸治疗急性早幼粒细胞白血病的诱导分化理论，不仅为白血病等恶性肿瘤疾病的诊治提供了全新的角度和途径，而且也进一步开辟了血液学研究的广阔空间。

首先，用全反式维甲酸治疗急性早幼粒细胞白血病取得显著效果，鼓舞和促进了诱导分化剂的研究工作。在全反式维甲酸被发现之后的 20 余年时间里，医学界发现和合成的诱导分化剂已有数十种，如新型诱导分化剂丙戊酸、异羟肟酸、六亚甲基二乙酰胺等，有的已应用于治疗实体瘤。其中，王振义领导下的上海血液学研究所（以下简称"血研所"）也发现低剂量三氧化二砷（ATO）可诱导 NB4 细胞分化；cAMP 可协助 ATO 和全反式维甲酸使急性早幼粒细胞白血病细胞分化；间歇缺氧可诱导急性髓系白血病细胞分化，延长白血病动物的生存期。

其次，王振义在探究诱导分化疗法的作用机制时，结合分子生物学技术和方法发现：全反式维甲酸可以降解 PML-RARA 融合蛋白，从而解除其对早幼粒细胞白血病细胞分化受阻的作用。由于正常细胞和其他白血病肿瘤细胞中无 PML-RARA 融合蛋白，因此王振义的研究揭示了全反式维甲酸治疗急性早幼粒细胞白血病是一种针对致癌蛋白分子的"靶向治疗"方法（一把钥匙开一把锁），为靶向治疗概念的建立提供了科学依据。同时，王振义治疗白血病的这一思路和方法被拓展至其他恶性肿瘤的领域，为各种恶性肿瘤的研究和诊治提供了有益的启示和借鉴。例如，我国学者发现，将带有肝细胞核因子 4α 基因重组腺病毒导入肝细胞癌小鼠体内，可使肝癌细胞分化，抑制肝癌生长，为肝癌和实体瘤可通过诱导分化治疗提供了新途径和新希望。王振义等人用DD-PCR、cDNA 芯片阵列和减数文库等功能基因组学技术，发现了 168 个受全反式维甲酸调控的基因，命名为维甲酸诱导基因（RIG），对其中的 RIG-G、RIG-E、RIG-I、RIG-K 做了深入的基因功能研究，初步阐明了这些基因的功能，从而进一步了解全反式维甲酸诱导分化急性早幼粒细胞白血病细胞的机制。此外，王振义在研究中还证实蛋白激酶 C（PKC）参与了全反式维甲酸诱导分化的作用。

王振义的"诱导分化"理论，首次阐明了维甲酸和 ATO 对急性早幼粒细胞白血病细胞组织因子表达的调控机制，使我国出凝血疾病的基础和临床研究进一步深入。王振义在基础研究中发现，全反式维甲酸治疗急性早幼粒细胞白血病能取得良好疗效的重要原因之一是出血症状很快明显改善，从而使患者不因出血而早期死亡，患者可在药物的继续作用下达到完全缓解。王振义继而又发现了造成这一现象的原因。

诱导分化研究成果的取得并顺利应用于临床，离不开上海市多家医院血液科的合作帮助，也是瑞金医院血液学研究室与上海乃至全国血液界同行相互支持、相互配合的结果。王振义认识到，血液学科的发展，仅依靠个别团体和组织是无法成功的，必须站在全局考虑，充分发挥集体的力量和优势。因此，他建议将上海第二医科大学附属医院及基础医学院原先相对孤立的血液专业力量联合起来，各取所长，形成一个系统全面的血液学科研机构，保证血液学研究继续向前发展。

于是，身为二医校长的王振义，在完成繁重的医疗、教学和行政工作的同时，开始为组建新的科研机构而不停忙碌。筹措经费、撰写申请报告、处理批件、与有意向的合作单位进行反复协商，王振义总是事无巨细，亲力亲为，常常工作至深夜。

1987年4月17日，在王振义的推动下，二医各附属医院（瑞金、仁济、新华、九院）的血液科和基础医学院病理生理教研室共5家成员单位，在瑞金医院联合成立了血研所。王振义被选为所长。

血研所的成立，标志着二医血液学研究进入新的历史发展阶段。

王振义自豪地说："血研所集合了二医系统血液学专业全部的精锐力量，迅速成为国内首屈一指的血液学科研机构。它的成立，本身就是一个不小的成果！"

血研所建立伊始，王振义确立了"定位科学最前沿，瞄准国际最领先，向世界最先进发展"的理念和目标。王振义认为，医学工作者探索的是生命科学的奥秘和规律，21世纪是生命科学的世纪，因此确定这样的理念是符合时代要求的。在科研工作中，他强调创新性是科研工作的生命，只有在前人实践基础上取得了突破性的科技成果，才能体现科研的价值。

刚刚成立的血研所面积只有区区40平方米，研究经费和人才资源双重匮乏。为了解决以上问题，王振义和同事们经过精心筹划，确定了包括科学基金申报、吸纳和使用等环节在内的科学基金制度。一方面通过竞争，以高起点的研究目标和优异的研究成果为基础申请各类科研基金，弥补科研经费的不足，另一方面创造条件吸引陈竺、陈赛娟等海外顶尖人才学成归国，带动学科向纵深发展，取得更大科技成果，进而申请到国内外更多科研经费，形成科研经费和人才资源互动发展的良性循环。

血液研究所历任领导（左起：王鸿利、陈竺、王振义、欧阳仁荣、沈志祥、陈赛娟、陈国强）
（2002 年）

　　收纳海外人才的同时，王振义也非常重视对年轻科技人员的培养。一方面，在科研工作中，王振义对青年科技人员要求严格，提倡严谨求实和一丝不苟的科研作风；另一方面，王振义主张大气宽容的人才政策，鼓励青年科技人员出国深造，积极申报科研项目，以"第一作者"署名向国际权威刊物投稿，为早日成才创造条件。

　　王振义从 1987 年开始担任血研所所长起，一直到 1996 年将职位让贤于自己的学生陈竺，共经历了十年时间。十年来，上海血研所面积从成立初的 40 平方米扩建至 400 平方米。1993 年 9 月，血研所被批准成立"上海市人类基因组研究重点实验室"，实验室条件得到较大改善。该所还通过广泛寻求国际合作伙伴，扩大国际合作交流，接受国际资助等方式，不断扩大科研实力。除了完成繁

中国科学院院长路甬祥（左三）视察血研所（2001 年）

血研所获得"全国劳动模范集体"称号（2001 年）

王振义（右）在瑞金医院百年院庆时与胡应洲夫妇合影（2007 年）

重的医疗任务和教学任务外，血研所成立十年以来，共申请国内课题
125 项，总经费 2 000 万元；获国外资助项目 7 项，155 万美元基金
资助；发表学术论文 621 篇，其中 108 篇发表在国际著名的学术
杂志上，编写专著 25 部；招收博士、硕士研究生共 127 名，其中
81 名毕业，形成老中青相结合的学术梯队；获得国家、部委和市
级重要奖项 60 余项。该所还获得美国凯特林癌症医学奖、瑞士
布鲁巴赫肿瘤研究奖和法国全国抗癌联盟卢瓦兹奖等 3 项大奖。[1]

　　血研所在王振义带领下，十年磨一剑，成为国际上享有盛名
的科研单位。

---

[1]《上海血液研究所庆祝建所十周年》，《上海第二医科大学学报》1997年11月10日，第1版。

血研所所处的瑞金医院科教楼

今日瑞金医院

血研所全体员工（2007 年）

# 四、患者痊愈是最美勋章

纪念斯隆—凯特林癌症中心，位于美国纽约，始建于1884年，以两大资助者的名字命名，前者是曾任美国汽车公司总裁的斯隆，后者是杰出的美国工程师凯特林。[1]

该中心是世界上历史最悠久、规模最宏大的癌症中心，研究领域包括癌症的预防、诊断和治疗等。中心拥有众多大师级的医师和世界顶级的研究成果，"为全人类战胜癌症而献身"的办院宗旨和千方百计为癌症病人服务的敬业精神，使其不仅在美国而且在全世界赢得了崇高的声誉。中心设立的"凯特林癌症医学奖"，被公认为肿瘤学界的"诺贝尔奖"，由美国通用汽车公司癌症研究基金会评委评选产生，自1978年以来每年颁发一次，用于奖励在癌症诊断和治疗方面做出创造性杰出贡献的医学专家。

1994年春，王振义收到了通用汽车公司癌症研究基金会寄来的一封信函，信中说道：王振义首创的全反式维甲酸治疗急性早幼粒细胞白血病是一项重大性科研成果，为攻克肿瘤疾病新途径的研究，做出了重要贡献，因而决定授予王振义1994年度"凯特林癌症医学奖"，邀请他赴美领奖，并作学术报告。

王振义并没有拿研究成果去申报任何奖项，但评委们却主动将作为国际癌症研究权威大奖的"凯特林癌症医学奖"授予了他。这让王振义感到意外。

---

[1] 樊云芳：《癌细胞能"改邪归正"吗？——记寻求此答案近半个世纪并找到了第一把"钥匙"的王振义院士》，《瑞音》2011年第1期。

　　"自己不过是一个血液学领域的科研工作者，能够获得凯特林癌症医学奖这个大奖，我是万万没有想到的，心里也是有点忐忑不安的。但人家把这个奖颁给你，说明你之前做的一些事，搞的一些研究，是做出了·点成绩的，得到了医学界同仁的认可。"回忆起当时得知获奖消息时，王振义谦虚地说。

　　1994 年 6 月 15 日，第 17 届"凯特林癌症医学奖"颁奖仪式在美国国会图书馆大厅隆重举行。来自世界各地的医学专家汇集于此，共襄盛举。主席台上方，依次并立着三面国旗：美国国旗、中国国旗和法国国旗，代表着本届颁奖典礼三位获奖者的国籍。

王振义（左三）在"凯特林癌症医学奖"颁奖仪式上（1994 年）

　　王振义坐在主席台上，凝望着鲜艳的五星红旗，内心特别激动。

　　颁奖前，时任美国通用汽车公司癌症研究基金会主席约翰·史密斯先生，根据参与评选的 30 名来自世界各国知名癌症专家的结论意见，对王振义评价道：王振义教授在癌症研究史上第一次发现了如何使用自然物质而非有毒的化学物质，将人体内的癌细胞改造成正常细胞。王教授治白血病不是传统的化学、放射疗法，不是用杀灭细胞的方法，而是把癌细胞改造成正常细胞，这一突破不仅治愈了曾经最凶险的一种白血病，并且把传统的中国理论与现代的分子生物学实践相结合，为治疗癌肿提供了全新的角度。

王振义获得凯特林癌症医学奖后留影
（1994 年）

凯特林癌症医学奖奖牌

随后，当约翰·史密斯先生亲自将一枚铸有凯特林头像的金质奖章佩戴在王振义的胸前时，全场响起了热烈的掌声。年逾古稀的王振义激动得热泪盈眶。这是一个多世纪以来，黑头发、黄皮肤的中国人第一次获得凯特林癌症医学奖，王振义终于为自己的祖国获得了这项国际癌症研究的最高殊荣。王振义从此被国际医学界誉为"人类癌肿治疗史上应用诱导分化疗法获得成功的第一人"。

回国后，王振义对获得的5万美元奖金做了具体安排。他拿出两万美元在国内设立了"白血病诱导分化疗法基金"，专门奖励在这方面做出突出贡献的基础研究和临床研究人员，特别是刻苦钻研的年轻人。他还将剩余的相当数量的奖金奖励多年来在全反式维甲酸诱导分化治疗研究中辛勤工作的科研人员和自己的学生们，只为自己留下很少的一部分。王振义说："'凯特林癌症医学奖'是二医、瑞金医院、上海血液研究所以及本市和外地同仁们共同奋斗十余年所换来的。获得荣誉和奖金，是对我们科学工作者工作的认可，并不能代表什么。我只是一个普通医生，病人痊愈才是对自己最大的奖励。荣誉和奖金不具有多大意义。"①

1994年对王振义来说，注定是不平凡的一年。在获得凯特林癌症医学奖后不久，王振义当选中国工程院院士。此后，他还获国际上的肿瘤研究奖3项，以及香港何梁何利基金奖、求是杰出科学家奖、美国哥伦比亚大学荣誉科学博士学位等殊荣。

①王泳：《王振义："善"是一个人的最基本要求》，http://epaper.rmzxb.com.cn/2009/20090908/t20090908_274313.htm，访问日期：2009年9月8日。

王振义（左）和中国工程院院长宋健（右）（2000 年）

宋健（中）、吴孟超（左）祝贺王振义（右）获何梁何利基金奖（1994 年）

王振义（右）获求是杰
出科学家奖（1996 年）

王振义（左）获美国哥
伦比亚大学荣誉科学博
士学位（2001 年）

# 第七章

# 一代宗师

王振义不仅是一位著名的医学家，也是一名成功的教育家。在从医执教的 70 多年中，王振义先后担任过内科学基础、普通内科学、血液学、病理生理学等学科的教学工作，传道授业，擎灯引航，呕心沥血，言传身教，培养造就了一大批国内顶级的血液学研究俊才，可谓桃李芬芳。

# 一、"交班给这样的学生，我是放心的"

陈竺，1953 年 8 月生于上海。他的父亲陈家伦、母亲许曼音都是我国内分泌领域的知名专家，两人双双毕业于震旦大学医学院，曾与王振义一同师从内科学界泰斗邝安堃教授。

充满医学氛围的家庭环境不仅给陈竺良好的家庭教育，也培养了他对医学的浓厚兴趣。

陈竺插队时在田间学习（1974 年）

1970 年 4 月，未满 17 岁的陈竺随着上山下乡的大军，来到江西省赣南地区信丰县山香村，开始了他在这里 6 年的知青生活。艰苦的农村生活没有让陈竺自暴自弃、消极倦怠，反而锻造了他坚忍不拔、自强不息的品格。乡村医疗卫生条件的落后，激发了他像父母一样投身于医学事业的信念。每天收工后，陈竺都会点着煤油灯，捧着医学书籍看到深夜，天不亮他就赶在出工前朗读英语。为了学习国外医学，他从每月 7 元的生活费里抠出 1 元钱买《中国建设》，把有关医学的报道翻译出来，寄给父亲，由父亲修改好后再寄回来。①

1975 年，陈竺被当地干部和群众推荐到江西省上饶地区卫生学校读书，毕业后被安排在卫校留校任教。 1978 年他又被推荐到二医附属瑞金医院内科进修。他踏入的第一个病房就是血液科病房，在那里结识了血液学专家王振义，开始了人生的重大转折。

陈竺在江西省上饶地区卫生学校毕业时和同学合影（1977 年）

---

① 上海交通大学医学院组编《绚丽的生命风景线——记陈竺、陈赛娟院士》，上海交通大学出版社，2006，第10-11页。

来到瑞金医院后，陈竺对血液学有了系统深入的认识。王振义逐渐察觉到这个来自江西的进修医生工作勤奋，态度认真，不是在血液病房观察病人，就是在办公室内埋首分析，与同行探讨病案。即便是普普通通的病史记录，他也从症状到治疗方案，把病人的整个病情发展过程记录得详细清楚，绝不潦草敷衍。勤奋努力的陈竺给王振义留下了深刻印象。

1978 年，"文化大革命"的阴霾已经散去。10 月，全国研究生招生考试恢复。梦想求学深造的青年迎来了一次宝贵的人生机遇。

王振义作为首批研究生导师，对陈竺欣赏有加，鼓励他报考自己的研究生。陈竺虽然只有中专学历，但长久以来的求学梦想使他决心以同等学力身份报考二医的医学硕士研究生。

通过刻苦自学大学课程，陈竺在六百多名考生中获得总分第二、血液学专业第一的好成绩，被录取为王振义的硕士研究生。令王振义喜不自禁的是，专业考试成绩第二的学生也顺利地考上了自己的研究生，这个人就是后来与陈竺结为伉俪的陈赛娟。

由于没有读过大学，刚刚进入研究生学习阶段，陈竺感到医学基础知识与其他同学有较大差距。王振义开导他不要有心理负担，鼓励他勤奋学习，弥补自身不足。工作之余，王振义把他叫到办公室，叫到自己的家中，耐心帮助他温习专业知识，强化专业外语。陈竺回忆说："经过王振义老师的指导和帮助，我的专业知识得到了强化和完善，很快适应了研究生的学习生活，英文、法文的基础也是在那时积累起来的。

王振义学识丰富渊博，逻辑思维严密，治学态度严谨，陈竺从中受益匪浅。王振义带领他在探索诱导分化治疗白血病上做了大量的工作。陈竺的科研能力得到了很大锻炼和提升。

王振义（前排右）与时任瑞金医院血液科主任陈淑容（前排左）及陈竺（后排左四）、陈赛娟（后排左一）等住院医生、进修医生合影（1978 年）

　　1981 年，在王振义的谆谆教诲下，经过三年的勤奋努力，陈竺学业成绩斐然。他撰写的毕业论文《血友病甲携带者的检测和判别研究》以优异的成绩通过了硕士论文答辩。陈竺先后在《中华医学杂志英文版》发表了 3 篇有关血友病的论文。他先是在国内首次将血友病甲、血友病乙按凝血因子Ⅷ、Ⅸ水平进行分型，然后进行血友病甲携带者的遗传咨询及血管性假血友病变异研究，为我国出血性疾病赶上国际先进水平做出重要贡献。该研究还引起国际医学界的关注，陈竺被接纳为国际血友病联盟的第一个中国会员。

　　三年的研究生时光里，陈竺不但在学业和科研上收获了佳绩，还与一同师从于王振义的陈赛娟在科研工作中互相勉励，互相扶持，渐渐心生情愫，成就了一段美丽的爱情。

硕士毕业后，陈竺与陈赛娟都留在瑞金医院内科工作，继续跟随王振义进行血液病的治疗和研究。此时，两人的爱情也瓜熟蒂落，他们步入婚姻的殿堂。

20 世纪 80 年代，大批有识之士抱着科技强国的决心，陆续踏上海外求学之路。1984 年，首批赴法担任外籍住院医生的人选开始申报。王振义认为陈竺是一个合适的人选："他本身具备非常好的科研潜质。研究生学习阶段，他的科研能力得到了进一步的提高。他还有较好的英语和法语基础。"

恩师的信任和期许让陈竺备受鼓舞。1984 年，经邝安堃等医学专家的推荐，陈竺以全国非法语专业法语考试第一名的成绩获得了赴法深造的机会。他放下手头的工作，告别深爱的妻儿，来到法国巴黎第七大学圣·路易医院血液病研究所进修。

巴黎第七大学圣·路易医院血液病研究所，是欧洲最大的血液学研究中心，设备先进、技术一流，汇集了包括 1980 年诺贝尔生理和医学奖得主让·道塞（Jean Dausset）在内的一大批著名学者。

陈竺凭借良好的法语基础很快地适应了法国的生活。"这得益于研究生时期，王振义老师对我法语学习的指导"。对师恩，陈竺念念不忘。

1985 年陈竺获得了圣·路易医院血液病研究所的住院医师资格。之后，他开始在这里攻读博士学位，主修分子生物学。

在法国的日子里，陈竺始终与恩师王振义保持着密切联系。他谨记王振义当年对自己的教诲，夜以继日地进行课题研究。他常常通过电话将课题进展情况汇报给王振义，听取老师的意见和建议。经过不懈努力，陈竺在第一年的博士课程考试中，以《白血病 T 细胞受体基因的研究》的论文获得了全班第一名。

1986 年 1 月，陈赛娟也来到圣·路易医院血液病研究所，攻读细胞遗传学博士学位。导师为陈赛娟选了一个高深的细胞遗传学课题，她研究了整整半年，未见一丝成功的曙光。后陈竺来助战，半年里夫妇俩就合作发表了 6 篇论文，在白血病分子生物学研究领域取得了突破性成果。

帮助妻子克服了科研工作困惑的同时，陈竺在分子生物学领域也取得了进一步成果。他对人体 T 细胞受体（TCR）基因的结构和表达进行了创造性研究，发现了数个 γ 链基因可变区的新成员（包括一个新的家系），报道了 V γ 的整体多态性，揭示了 TCR 基因在人类淋巴系统恶性细胞重排和表达规律。其中两篇文章与道塞教授共同署名发表于权威刊物《实验医学杂志》（*Journal of Experimental Medicine*）。

1989 年 1 月，陈竺以最优评分通过博士论文答辩，获得法国巴黎第七大学科学博士文凭。在法国求学深造的时间里，他掌握了先进的分子生物学知识和理论，自身的科研能力也得到进一步提升，为以后在医学尖端领域的探索奠定了坚实基础。

20 世纪 80 年代中期，王振义在临床上用全反式维甲酸治疗急性早幼粒白血病取得了重大突破。这让在法求学的陈竺和陈赛娟激动不已。他们决定完成法国的学业后，回到祖国，和王振义会师，从分子生物学的角度阐明恩师的临床效果，向白血病研究的更高层次挑战。

1989 年 8 月，夫妇两人回到上海血研所。当时，血研所的科研条件非常艰苦。所里既缺人又缺设备。陈竺要建研究室，瑞金医院拿不出一间像样的房子。两人小心翼翼从法国带回的试剂没有低温冰箱来存放。一个星期后，价值10万美元的试剂全部报废！由于没有相关设备，陈竺、陈赛娟只能到外边的实验室"借做"；没有交通工具，陈竺只好骑着自行车，把贵重娇气的标本、试剂、试管及实验材料轻轻放在车筐里，四处奔走。

但是，艰苦的条件没有吓倒陈竺和陈赛娟。在王振义的带领下，血研所的科研工作有条不紊地进行着。二医和瑞金医院非常重视他们的研究工作，在各方面全力给予支持。此外，上海市科委、上海市教委、国家自然基金委的经费在许多前辈科学家的关照下也陆续到位。

王振义夫妇和陈竺夫妇等在巴黎合影（1994年）

在各方面的支持与帮助下，陈竺、陈赛娟仅用了两年时间就建成了系统的白血病标本库、细胞遗传学实验室和分子生物学实验室。

在科研过程中，王振义根据师徒三人各自的专长，进行了分工。王振义主要从事白血病的临床研究工作，陈竺进行分子细胞遗传学的研究。陈赛娟就成了将王振义和陈竺连接起来的桥梁，用陈竺的研究成果，确定白血病病人的分类、分型，为王振义临床治疗不同病人提供适宜的治疗方法。①

---

①樊云芳：《癌细胞能"改邪归正"吗？——一记寻求此笑案诉求业院士》，《瑞音》2011年第1期。

"陈竺在法国是学有所成的，"王振义回忆说，"回来后，他很快地将分子生物学的理论和技术应用到白血病治疗研究中，这是不容易的。"虽然曾是陈竺的老师，但王振义深知学无止境。他常常向这位昔日的弟子请教，学习和钻研先进的分子生物学，并在较短的时间里熟悉了该学科的知识及理论。

1990年，在王振义的极力推荐下，陈竺破格二级，直接由主治医生晋升为研究员。陈竺领导的课题组开始承担国家重点科研项目的攻关任务。经过一段时间的探索，课题组在维甲酸分化治疗白血病的分子机制上有了突破性进展。他们和国际上的几个实验室同时发现，位于15号染色体上的早幼粒细胞白血病基因与17号染色休上的维甲酸受体基因，互相交换，形成特定的融合基因，从而导致急性早幼粒细胞白血病。这个融合基因的发现，初步阐明了该疾病的发病原理和维甲酸治疗的分子机制。此后，通过进一步深入研究，陈竺的课题组终于系统地阐明了急性早幼粒细胞白血病诱导细胞分化的机制原理，使肿瘤诱导分化疗法由之前纯粹的临床经验发展到系统科学的理论体系，使我国白血病基础研究跨入世界先进行列。

陈竺、陈赛娟在一起做实验（1990年）

陈竺、陈赛娟在测序仪上加样（1991年）

然而，临床上有近50%的急性早幼粒细胞白血病患者病情稳定了一段时间后又开始复发，并相继产生对维甲酸的耐药性。患者一旦有了耐药性，存活的希望就会变得很小。那么，如何降低患者复发的概率，稳定后续治疗效果呢？

1994 年，陈赛娟在一次国内血液学会议期间，得知哈尔滨医科大学第一附属医院的张亭栋[①]教授早在 20 世纪 70 年代就将中药砒霜[②]制成砷剂，通过静脉注射，在肿瘤特别是急性早幼粒细胞白血病方面获得了明显的疗效。然而，学术界无法接受用一种剧毒药物去诊治疾病的做法。多年来，张亭栋关于三氧化二砷治疗白血病的发现仅应用于哈尔滨医科大学第一附属医院，没能得到更大推广。

回到血研所，陈赛娟将这一事件告诉了王振义和陈竺。

王振义认为虽然砒霜是一种剧毒中药，但中医博大精深，且讲究"以毒攻毒"的用药理念。张亭栋教授在临床上进行了检验，取得了很好的效果，一定有其内在的科学道理。陈竺建议血研所抓住机遇，与张亭栋所在的哈尔滨医科大学第一附属医院合作攻关，用分子生物学的理论去揭示砒霜治疗白血病的内在机理。

1995 年 5 月，王振义邀请张亭栋教授来上海访问血研所。王振义代表血研所向张亭栋提出了双方合作的意向，他诚恳地对张亭栋说："医学界解决不了的问题，你用传统中医解决了；但机理的深入研究，也是我们所关注的。既然临床有效，就一定有科学道理。我们医学研究者应尽快从分子生物学水平方向将其突破，

---

①张亭栋（1932—　），哈尔滨医科大学第一附属医院终身教授，血液科主任医师，是20世纪60年代"西学中"热潮中我国首批中西医结合专家。
②砒霜，主要成分是三氧化二砷，是一种剧毒中药，内服治哮喘，外涂治恶疮、顽癣。

这样才能得到科学界的公认。"陈竺和陈赛娟对张亭栋说："让我们携手攻关，你们做临床观察、研究病例、筛选病种、扩大治疗范围，我们揭示机理。"

三氧化二砷治疗白血病无法得到医学界公认，这是张亭栋 20 多年来的一个心结。上海血研所的同行要主动为其打开这个心结，张亭栋欣然同意。

于是，陈竺、陈赛娟与哈尔滨的同道联合攻关，合作科研。经过一年多的体外实验，陈竺发现砒霜不仅能选择性地降解引起急性早幼粒细胞白血病的致病蛋白质 PML-RARα，还会产生剂量依赖的双重效果，在较低剂量时诱导细胞分化，在较大剂量时诱导那些无法"教育改造"的癌细胞凋亡。更令人欣喜的是，三氧化二砷对维甲酸耐药复发的急性早幼粒细胞白血病患者，治疗的完全缓解率也超过 80%。

随后结合先前探讨过的维甲酸治疗白血病的分子机理，陈竺提出全反式维甲酸和三氧化二砷是通过不同的作用途径，使急性早幼粒细胞白血病致病的关键蛋白质发生降解，两药之间没有交叉耐药性，有产生协同作用的可能。由此，他提出两药共用"协同靶向治疗"的设想，即将全反式维甲酸和三氧化二砷组合应用于临床。临床结果证明，通过全反式维甲酸和三氧化二砷组合用药，急性早幼粒细胞白血病患者的 5 年存活率高达 90%。

陈竺首次从分子生物学及基因水平揭示了三氧化二砷诱导早幼粒白血病细胞凋亡的机理。研究成果的第一篇论文于 1996 年 8 月 1 日在血液学国际权威刊物《血液》杂志上发表。这一发现使得三氧化二砷治疗白血病为现代国际主流学术界所接受，也使砒霜这个古老的药物正式步入现代药物治疗研究的主流。

　　基因是控制生物遗传性状的基本单位，基因组是一个生命体遗传信息的总和。"人类基因组"主要分析人类遗传物质 DNA 的结构，确定大约 3 万个结构基因在染色体上的位置，预测、预防、早期诊断和治疗困扰人类许多有遗传易感性的恶性肿瘤、心血管病等多基因疾病和数千种单基因遗传病。1990 年国际上启动"人类基因组计划"，希望认识并确定与疾病相关的基因，找到防治疾病和健康益寿的真正根源。①

　　在临床分析治疗白血病的分子机制过程中，陈竺越来越意识到基因的重要性，他认为要攻克白血病等恶性肿瘤疾病就必须进行人类基因组的研究。

　　1993 年陈竺成为我国人类基因组研究项目的先行者和负责人之一，并在血研所申请成立了"上海市人类基因组研究重点实验室"。随着研究的不断深入，陈竺参与了该项目的筹划、协调和管理工作，并在国际一流杂志上发表了一批有影响的论文。1994 年，该实验室被国家卫生部批准为"卫生部人类基因组研究重点实验室"。

　　1995 年 10 月，71 岁的王振义向学校和医院辞去上海血液学研究所所长职务，并举荐 42 岁的陈竺作为继承人，担任第二任所长。王振义回忆说："我做血研所所长已有近十个年头了。现代医学科技发展非常快，特别是基因科学逐渐成为重要的研究领域，而我却越来越老了，如果我们不看到发展，还是用原来的方式管理这个所，用原来的学术水平领导这个所，这个所是会走下坡路的……陈竺非常有进取心，他在法国学的是世界领先的高分子生物学专业，是世界一级的人才，回国后在分子机制和基因研究上

---

① 上海交通大学医学院组编《绚丽的生命风景线——记陈竺、陈赛娟院士》，上海交通大学出版社，2006，第33页。

取得了突破性科研成果。交班给这样的学生，我是放心的。"

　　肩负着恩师的嘱托，肩负着血研所进一步发展的重任，陈竺从王振义手中接过了所长职务。上海血研所从此进入由陈竺领导的"基因研究"新时代。

王振义（中）与陈竺（左）、陈赛娟（右）（1997年）　王振义（右）和陈竺（左）在讨论工作（1997年）

　　担任血研所所长后不久，陈竺又被选为中国科学院院士（生物学部），成为当时医学界获得中国科学院院士称号最年轻的科学家。基于基因研究取得的成就，他受命进入国家高技术研究发展计划（"863"计划）生物领域专家委员会。陈竺由之前主要负责白血病治疗机制等特定课题研究，转而从事于参与策划、领导我国"人类基因组"工程，从一个"战术科学家"变成了一个"战略科学家"。

　　从1993年起，在短短六七年时间里，陈竺牵头的血研所及基因组重点实验室承担了一大批国家重点科研项目，包括"863"高科技项目、国家自然科学基金、国家攀登计划、国际合作项目以及欧共体项目等20余项，取得了一系列国际先进或领先的科研成果。陈竺逐渐成为国际医学界享有一定声望的青年学者，并相继获得中

王振义（右）和陈竺（左）在瑞金医院接待法国希拉克总统夫人（中）（1997年）

王振义（右）、陈竺（左）与巴黎第七大学教授雅克·刚（Jacques Caen）（中）（1998年）

国、美国、法国科学院3个院士头衔。在他的带领下，上海血研所这个团结奋斗、充满活力的高科技群体，进一步发展壮大，成长为一支令国内外同行瞩目的科学劲旅，被称为"中国陈竺组"。

陈竺致力于白血病和人类基因组研究，取得了令人瞩目的成就，然而他没有止步于此。2000年10月，陈竺出任中国科学院副院长，分管国际合作局和生物技术局。从2000年到2007年，他在科技国际合作领域工作出色，成绩突出，获得了各方面的一致称赞。

2007年6月29日，全国人大常委会经过表决决定，任命陈竺为卫生部部长。知青的经历，海外留学背景，在专业领域的权威地位，以及之前在工作中所表现出的优秀素质，是陈竺成为这一人选的重要因素。

接到任命通知时，陈竺担心自己没有足够的能力去胜任卫生部部长这一重要职位。王振义对他说："为了国家的医药事业，为了人民的医疗权益，你就去干吧。"恩师的话语坚定了陈竺的信心，激励他接受未来更为艰巨的挑战和考验。

回顾陈竺一步一个脚印走过的路程，无论之前作为一名医学科技工作者，还是作为掌管国家医疗卫生事业的政府官员，他始终在自己的工作岗位上兢兢业业，勤勤恳恳，勇于超越，敢于创新，不断奉献着自己的智慧和汗水。学生获得的每一个成绩，取得的每一个进步，王振义作为老师都看在眼里，喜在心头。"过人的天分、无比的勤奋，不断接受挑战的性格和魄力，造就了他的许多成功。"王振义为自己最得意的弟子——陈竺感到由衷的骄傲。

## 二、"一个非常有韧性的女性"

陈赛娟，1951 年出生于上海卢湾区一个石库门弄堂里。父母都是普通工人，兄弟姐妹 5 人，陈赛娟排行老二。

年幼的陈赛娟不但聪明好学，也很懂事。她从不向父母要这要那，心中唯有一个小小愿望，那就是在已经很狭小的屋子里放一张写字台，让自己有一个看书学习的地方。[1]

1964 年，陈赛娟以优异的成绩考入重点中学——向明中学。刚刚升至初中二年级，"文化大革命"便开始了，陈赛娟只能暂停学业，进入上海第六印绸厂，后因工厂合并进入上海第五丝织厂，成为一名纺织女工。

---

[1] 孟小捷、汪敏：《陈赛娟——从女工到院士》，《科技文萃》2005 年第 3 期。

纺织女工陈赛娟

　　和陈竺一样，艰难的时势无法阻挡陈赛娟追求梦想的脚步，反而将她历练得更加执着与坚强。1972 年，厂里将唯一一个上大学的名额给了勤奋好学的陈赛娟，实现了她走进大学校园的梦想。

　　1975 年，陈赛娟从二医毕业后，开始在瑞金医院内科担任一名住院医师。

　　1978 年，全国研究生考试恢复的消息传到了陈赛娟的耳中。她毫不犹豫地报了名。陈赛娟回忆说："在瑞金医院工作中感觉自己需要进一步学习，进一步提高。医生学习的不是一般的知识，这些知识是可以救命的。医生多学一点，患者的生命就能多一份希望。"陈赛娟一面上班，一面加紧复习迎考。通过努力，她以仅仅落后于陈竺的成绩，成为王振义的另外一名硕士研究生。

　　在医学科研的茫茫大海中，陈赛娟就像一艘劈涛斩浪的船只，在王振义这座灯塔的指引下，开启了驶向成功彼岸的航程。

　　王振义培养研究生怀有高度的责任心，处处身体力行。陈赛娟至今清楚地记得王振义为研究生上的第一堂课是带领大家去图书馆，教学生们如何查阅文献，确立学术规范。对于陈赛娟、陈竺这批被"文化大革命"耽误了学业的年轻人，王振义利用工作之余为他们补习医学基础知识和理论，辅导他们进行专业外语的学习。此外，对于学生提交的综述文章，王振义往往一两天后就能批阅修改好，常常是用红笔改成"一片红"。[1]

陈赛娟（一排左二）
和同学（1972年）

[1]陈赛娟：《医学的导师　为人的楷模——写在王振义老师获国家最高科技奖之际》，《瑞音》2011年第1期。

在指导学生进行科研时，王振义采用启发式教学方法。他首先提出课题，让陈赛娟、陈竺自己去想办法实现研究的目的。王振义还对陈赛娟和陈竺提出了具体要求——"严谨""熟练"和"创新"。他教导学生：血液病的诊断主要依靠实验室的检测，每一项指标之间都有密切的联系，要对每一个数据和结论进行严密的观察、严谨的分析、综合的判断，才能做出正确的论断。王振义常常在实验室手把手地指导陈赛娟、陈竺进行各种血液病理生理的实验。他要求学生熟练运用医学实验仪器，细致地整理实验数据和结论，注重掌握实验中的要领和细节。王振义还经常告诫自己的两位爱徒：作为医学科学工作者，不能固守既有知识，应该结合临床上的实际问题，发挥创新能力，推动医疗技术的进步。

除了医学专业上的言传身教，王振义谦逊豁达、淡泊名利的人格魅力也深深感染着陈赛娟。王振义虽然学识精深，但对学生的教导从来不居高临下。他经常和学生平等地探讨学术问题，遇到一些难题，也总是心平气和地和大家一道商量。王教授每次都坚持把自己的学生列为论文的第一、第二作者，而把自己排在最后。这在对论资排辈习以为常的学术界是一股清流。

辛勤的耕耘结果是丰硕的收获。1981年陈赛娟交了一篇研究血液的高凝固状态的硕士论文。高凝固状态广泛见于包括冠心病、糖尿病、肾脏病在内的多种常见病。这一实验需要研究心血管、肾脏等疾病中的血液凝固状态，需要大量的标本，从建立方法到采集标本，直至论文完成，陈赛娟掌握了独立思考的科研方法，又形成了跨学科交叉合作的能力，并最终通过论文答辩，获得了血液学研究硕士学位。此外，硕士研究生期间，陈赛娟、陈竺在王振义指导下共完成综述6篇，论文19篇，其中英文文章3篇，陈赛娟有关高凝状态研究相关工作作为"血栓栓塞性疾病"的一部分于2004年获得了国家科技进步二等奖。[1]

1986年，陈赛娟忍痛抛下自己不足两岁的儿子，赴巴黎圣·路易医院血液病研究所进修细胞遗传学，获得巴黎第七大学的博士学位，与丈夫陈竺在科研求学的道路上"并肩作战"。与陈竺相比，陈赛娟法语基础偏弱。初到法国，过语言关成了她的最大的问题。由于课题设计上的问题，陈赛娟的研究工作进展得很不顺利。加上对亲人和故土的思念，特别是对儿子的想念，这个一向无比坚强的女性也时常黯然神伤。

陈竺、陈赛娟和儿子在一起

帮助陈赛娟走出逆境的是恩师王振义。王振义通过电话不断给她鼓劲打气，劝她调整思绪，坚定科研工作的信念，学习陈竺的科研经验。王振义还要求陈竺尽量抽出时间辅导陈赛娟学习法语，帮助她迅速提高法语水平。

恩师的劝导给了陈赛娟重振精神的勇气，外表柔弱的陈赛娟变得愈加坚强。白天，她在图书馆、实验室和资料室里探索研究，晚上，就到陈竺的实验室里加班加点，与丈夫一起探讨实验课题。

---

①陈赛娟：《医学的导师 为人的楷模——写在王振义老师获国家最高科技奖之际》，《瑞音》2011年第1期。

　　凭着对科研的痴情与执著，陈赛娟以惊人的速度通过了法语关。在法国三年的科研工作中，她首次在国际上克隆了伴 Ph1 染色体的急性白血病在第 22 号染色体断裂点的丛集区，首次克隆了白血病 BCR 基因一个长达 94kb 的区域，又在国际上首次提出了白血病 Ph1 染色体形成的分子模型，先后在国际著名学术期刊上发表论文 12 篇。[①]这些科研成果使陈赛娟的名字迅速为大家所熟知。就连她的导师也非常钦佩地称赞道："我不能直接称陈是居里夫人，但陈的确是一个非常有韧性的女性。"

　　1989 年，取得法国医学博士学位的陈赛娟与丈夫陈竺回到了祖国，回到上海血液学研究所。这之后，陈赛娟、陈竺和恩师王振义一道，结合基础研究与临床医学，携手开展白血病细胞分化和凋亡诱导的分子机制研究。

　　回国后，陈赛娟与陈竺克服了艰苦的科研条件，不断取得具有国际水准的科研成果。1991 年，陈赛娟和同事们在临床上发现了一种急性早幼粒细胞白血病的特殊亚型，该类患者经过维甲酸治疗后病情没有任何好转。陈赛娟发现这是由于 17 号染色体的维甲酸受体与 11 号染色体上的一个基因发生融合，形成了一个新融合基因，正是这个新的基因导致癌细胞对维甲酸的耐药性。她继而克隆了这一新基因，并将之命名为早幼粒细胞白血病锌指蛋白基因（PLZF）。这是中国人在生命科学领域发现的第一个人类疾病基因，实现了"零"的突破。这一发现在国际上发表后，得到了世界各国肿瘤病专家的高度评价。此后，美国、法国等同行遇到同种病例，都要专程送到上海血研所，请陈赛娟、陈竺鉴定

①孟小捷、汪敏：《陈赛娟——从女工到院士》，《科技文萃》2005年第3期。

后才做定论。

　　陈赛娟在治疗急性早幼粒细胞白血病方面获得的突破，为其他类型的白血病或肿瘤治疗提供了成功的范例。在肿瘤研究中，陈赛娟还建成和发展了一整套白血病分子细胞遗传学和分子生物学诊断标志体系；建立了移植性和转基因白血病动物模型，为从细胞和整体动物水平研究白血病发生的分子机制及白血病诱导分化的机制提供了良好的模型。陈赛娟先后在国内外重要期刊发表论文 200 余篇，被引证数达 5 600 多次，获得包括国家自然科学奖二等奖在内的国家和省部级科技奖 9 项，并获全国劳动模范、全国"三八"红旗手、全国十佳女职工、全国十大杰出女青年等荣誉称号。

　　除了进行科学研究工作，陈赛娟身上也多了不少社会职务，如全国十届人大代表、中国科协副主席等。通过这些身份与平台，陈赛娟为社会公共卫生事业的发展贡献自己的力量。作为人大代表，她多次提交建议和议案，呼吁出台"公共场所禁烟"的全国性法规，将办公楼、餐厅等场所纳入禁烟区范围，以有效减少"二手烟"的危害；由政府支付公立医院中医生的工资、奖金，彻底切断医生与创收的利益关系……她还呼吁多组织科普活动，把健康的生活方式传达给人们，从而使人们远离癌症。

　　2003 年，陈赛娟当选中国工程院院士。至此，上海血液学研究所拥有了王振义、陈赛娟两名中国工程院院士和陈竺一名中国科学院院士。师徒三人被誉为国内血液学领域的"梦之队"。成为院士后，陈赛娟在心里仍然牢牢记着恩师王振义院士对她和丈夫陈竺说过的一段话："评上院士很难，而要保持院士这个荣誉更难。虽然这顶'帽子'是终身的，但不代表你对国家的贡献是终身的，并不代表人们对你的赞誉是终身的。科学研究容不得半点懈怠，每一项工作都要尽自己最大努力去做。"①

王振义（右）和陈赛娟(左)(2003年)

2003年，陈赛娟领衔的医学基因组学国家重点实验室正式获得国家科技部批准。由于陈竺担任中国科学院副院长以后，多数时间在北京，为了保证血研所工作不受影响，学校医学院决定任命陈赛娟接替陈竺，担任血研所所长。陈赛娟成为继王振义、陈竺之后，血研所的第三任所长。

多年来，陈赛娟在科研工作中不停地工作着、探索着、忙碌着。支撑她的是她钟爱无比的科研事业，是对探索医学奥秘的执着，是对战胜白血病恶魔的信念。

①孟小捷、汪敏：《陈赛娟——从女工到院士》，《科技文萃》2005年第3期。

王振义（右二）、陈竺、陈赛娟和外国朋友（2004 年）

陈竺、陈赛娟看望恩师（2005 年）

# 三、"夸下海口"的学生

陈国强，1963 年出生于湖南省株洲市攸县的一个小山村，自小好奇心强，对探索和解密悬疑的侦探生涯充满了向往。

陈家祖祖辈辈都靠挖煤炭、烧木炭维生。虽然生活条件清苦，但陈国强的父母懂得知识改变命运的道理，他们一直供儿子读书，希望儿子将来能够有所作为。

然而，陈国强的求学道路并不顺利，1979 年，16 岁的陈国强高考落榜，经过一年的复读，再次参加高考，才达到了普通本科的录取线。为了实现成为一名侦探的梦想，他在报考志愿中填满了政法专业，但最终却被衡阳医学院录取。

现实和理想渐行渐远。在学医的第一年里，陈国强基本是在茫然与混沌的思绪中度过的。就在他失却努力的目标和方向时，一个人将他从懵懂的状态中唤醒。这个人就是王振义。

有一次，王振义以二医教授的身份来到衡阳医学院进行为期一周的学术讲座。陈国强与许多老师、同学一道去学校礼堂聆听。虽然对王振义的讲座几乎听不懂，但陈国强还是被讲台上王振义坦率而严谨的态度、清晰又通俗的讲解风格深深吸引。此后，每逢王振义的讲座时间，陈国强都会早早地赶到礼堂内，近距离地领略大家风范。一周过后，陈国强一场不落地听完了王振义关于止血与血栓的系列报告。王振义用科学家的光芒，点燃了陈国强蛰伏已久的梦想之火。陈国强暗自发愿：毕业后一定师从王振义老师！从此，他刻苦努力，发奋读书，在衡阳医学院剩下的四年里成绩总在全系前五名，多次被评为校级"三好学生"。1985 年本科毕业时，陈国强以"委托培养"的形式考上了王振义的硕士研究生。

陈国强在革命老区井冈山的遂川医院上课（1999 年）

　　跟随王振义读研的日子里，陈国强忘不了恩师对自己的教导与帮助。那时，王振义已经担任二医校长，尽管非常忙碌，但他依然坚持每月都找陈国强讨论科研两三次。陈国强毕业前撰写硕士学位论文的三个多月，王振义几乎每个晚上都为他修改论文，将他的论文翻来覆去地阅读，不停地标注修改的建议和理由。陈国强最初交给王振义的 50 多页的文稿，被修改得密密麻麻，甚至不放过每一个标点符号。王振义还多次把他叫到家里一起吃晚饭。一放下碗筷，师生俩又一头扎进论文里。在写论文还不用电脑的年代，导师一遍遍修改，学生根据修改的内容，重新整理、抄写。陈国强的硕士论文被王振义前前后后修改了十次之多，陈国强也将近 2 万字的论文共抄了十遍。每当想起王振义为自己修改论文的整个过程，陈国强总对恩师充满了无限感激，他回忆说：“修改论文的过程让我见识了王老师的严谨、认真，一丝不苟的科学态度，王老师的谆谆教诲让我懂得了什么是科学精神，什么是真正有责任心的导师，什么是严师出高徒……我清楚地知道，这一切源自王老师的感悟，它在潜移默化中改变了我，并真正成就了我之后将要走过的人生道路，乃至造就了我今天的人生态度。"①

　　硕士毕业后，陈国强回到了衡阳医学院工作。干了几年后，陈国强感到单位无法为自己提供科研所需的条件，更难在科研道路上有所作为，他工作的热情渐渐消失。

　　1993 年，30 岁的陈国强决定再次用知识来改变命运。他重返上海，考取了王振义的博士研究生。

　　再度来到二医，陈国强跟随王振义主攻血液学。那时，王振义已经年近古稀了。从海外归国的陈竺在血研所的科研工作中不断取得突破性成果，逐渐成长为血液学领域新一代的领军人物，王振义便让陈竺做陈国强的带教老师。陈国强的科研工作虽交给陈竺指导，但是王振义并没有就此推卸辅导学生的责任，他仍然一如既往地耐心教导陈国强。在师生交流的过程中，王振义发现陈国强的英语口语能力较差，就在研究生的宿舍里教陈国强英语发音，坚持了一个学期，使他的英语口语能力有了很大的进步。

　　通过王振义、陈竺的言传身教，陈国强在三年博士期间取得了丰硕的科研成果。他从事三氧化二砷治疗急性早幼粒细胞白血病的基础和临床研究工作，在国际血液学界开拓了一种全新的领域，并先后在《血液》等国际权威刊物发表 4 篇论文。毕业后他继续攻关，又接连在《美国国立癌症研究所杂志》等专业刊物上发表系列论文。迄今，这些论文被引证超过 2 000 次。陈国强的研究引起国际医学界的关注，一时间国际同行都在重复着陈国强的实验，

---

①陈国强：《王老师：您是我的"镜子"》，《瑞音》2011年第1期。

扩展着他的研究成果，相关药物也走进临床。陈国强渐渐成为国际白血病研究领域中的一颗璀璨新星。

从硕士研究生到博士研究生，陈国强两度接受王振义严谨、严格的教育。耳濡目染王振义、陈竺两位导师的高风亮节，陈国强是幸运的。每每被问到不断取得科研成就的原因，他都毫不隐瞒地说："我深深地懂得，这些成绩是在我的导师王振义、陈竺两位院士的肩膀上，在同事们的支持和帮助下取得的。"[1]

1996年博士毕业后，陈国强留在血研所工作。同年，他就被选入上海青年科技启明星计划。1997年和1999—2001年，他又作为高级访问学者，先后前往法国、美国学习和交流。回国后，他作为中国科学院百人计划入选者，组建了上海生命科学研究院健康科学中心的肿瘤功能基因组学研究室。2002年开始，他担任血研所副所长。

陈国强当选"上海十大杰出青年"后和恩师合影（2001年）

---

①倪黎冬：《血液学研究领域的常青树——记中国工程院院士、上海瑞金医院、上海血液学研究所王振义教授》，《健康博览》2004年第4期。

二医病理生理学教研室在王振义担任主任时，曾是学校的优势学科教研室，但在后来的发展中遇到困难，整个教研室只剩下十余名职工，科研经费不足 5 000 元。2002 年，陈国强担任病理生理教研室主任。为了使二医病理生理学科重振雄风，延续恩师王振义创造的基业，陈国强向学校立下"军令状"：五年内，病理生理教研室的科研经费要超过 500 万元，科研设备价值 500 万元以上，获得一批国家级的课题；在国际学术刊物上发表一批有影响的学术论文；创建一支志同道合、充满活力的青年科研团队。如有一项没有达到，自己第一个下岗走人。

消息一传出，许多人都认为陈国强夸下了海口："他在科学研究方面的勤奋与智慧是不争的事实，但是，作为一个管理者，他能挑起重振病理生理学教研室发展的重担吗？"

陈国强通过积极倡导制度创新与以人为本相结合，狠抓教研室的制度建设和团队文化建设，打消了人们对他的疑虑。三年后，陈国强提前并超额地兑现了自己的承诺，使病理生理学成为学校最具活力的学科之一。病理生理学教研室先后成为国家重点学科、教育部重点实验室和上海市劳动模范集体：总固定资产超过 3 500 万元；承担了包括国家重大基础研究计划（"973"）项目、国家重大科学研究计划（"863"）在内的 30 多项国家和上海市的科研项目，总研究经费达 3 000 万元；在国际重要专业学术刊物上发表 40 多篇论文，并获得国家自然科学奖二等奖、中华医学科技奖一等奖、上海市科技进步奖一等奖等；培养了一批青年骨干和正活跃于国际学术界的青年学子，拥有 4 位上海青年科技启明星，多位海外学者也加盟其中。

陈国强主持病理生理教研室工作后，就开始探索打造团队的文化建设。他认为，要想获得科研的成功，除了必要的财力、物力和人力资源，兼具制度化与人性化管理的团队文化也是至关重要的一环。

在制度层面上，陈国强为病理生理教研室提出了非常严格的要求。在教研室的走廊里，张贴着《陈国强研究组科研工作修正条例》，其中"研究生毕业的基本要求"规定，硕博连读研究生必须以第一作者发表累计影响因子大于或等于 6 以上的论文，这在整个国内学术界都是难以见到的高标准！

陈国强（左）
和王振义（右）
（2008 年）

严苛的要求意味着在陈国强的教研室，拿学位、评职称很"吃亏"，门槛远远比别处要高。但正是在这一作用下，病理生理教研室的每一个科研工作者的主观能动性都得到了充分发挥，他们接连取得了骄人成绩，先后有 14 位 35 岁以下的青年教师获得国家自然科学基金，23 位获得上海市科委重点研究课题。23 位教职工中，60% 拥有博士学位。几年来，几乎每个毕业生都超额完成科研任务，快活地戴上博士帽、硕士帽。陈国强带的第一个博士生赵克温博士毕业时，已经发表了影响因子超过 16 的论文。[1]

陈国强接管病理生理教研室后，还显示了他的人性化管理能力。他会帮助解决青年教师家属的工作问题，会过问青年教师子女的上学问题，他甚至成了证婚的里手，管学生的恋爱、生孩子。逢年过节，他会向同仁们送去问候；团队成员有喜事，会收到他的祝福。陈国强常说，好的领导人，不但要善于在务实中张扬勇气，而且心里应该总是装着他人，凡事想着别人，善于欣赏和关心他人。有了这样的胸怀和气度，病理生理教研室很快就成为一个协作良好、温馨舒畅的科研团队。

在人才培养的过程中，陈国强从当初王振义、陈竺眼中的千里马渐渐变成了伯乐。陈国强多次对学生们说："在科学探索与研究中，没有什么救世主，也没有绝对权威。你们要做的，就是不断地发现、发现、发现，用自己的努力去改变自己的人生。"

李曦刚进病理生理实验室时，只是个本科还没毕业的实习生。本科实习生，在博士济济一堂的教研室，最多是个操作员，但陈国强却发现了李曦身上的一个优点：敢说敢想。在陈国强的激励和指导下，李曦大胆提出自己的假说：CX43 蛋白对 M1AML1-ETO 引起的白血病可能发挥了"帮凶"作用。通过实验，李曦最终证实了自己的发现，由此发表的论文引起国际白血病研究学界的注意。

王立顺是一名毕业于吉林大学的博士生，本在一家经营医疗器械的外企上班，月薪过万。一次，他跟着企业老板来陈国强的实验室推销仪器，听陈国强和老板侃了半小时，就被陈国强身上那种"科学家的魅力"深深折服。他回去就给陈国强发了个电子邮件，想要跟随陈国强一起搞科研。放弃外企高薪前来投奔，王立顺的

---

[1] 李泓冰：《梦想·激情·原创——细看陈国强"亮剑"》，《人民日报》2007年1月17日，第15版。

一片诚心将陈国强打动。强将手下无弱兵，在陈国强的指导下，不到三年，王立顺就在蛋白质研究组学领域开辟出新的方向[①]，并于 2011 年获得上海市科技启明星称号。

通过大胆假设、果敢冒险、科学创新，陈国强缔造了重振病理生理教研室的传奇。

这样的业绩，令同行们瞠目结舌。陈国强也由此获得一个外号："鬼才"。

勇于冒险和尝试的陈国强没有将目光局限在病理生理教研室的团队内。为了最大限度地促进医学科研事业的发展，2005 年 7 月，陈国强以他的团队为核心，整合了原二医细胞生物学学科和原交通大学生命科学的有关资源，以强强联合的形式，组建了教育部细胞分化与凋亡重点实验室。2006 年，陈国强担任了上海交通大学医学院副院长兼研究生院院长，2007 年又兼任了基础医学院院长。这个医学科研领域的"鬼才"不断迎接着人生道路上更多的挑战。

王振义（中）和陈国强（右）、王立顺（左）（2006 年）

---

①李泓冰：《梦想·激情·原创——细看陈国强"亮剑"》，《人民日报》2007 年 1 月 17 日，第 15 版。

陈国强（左）给王振义（右）佩戴上海交通大学医学院院徽（2011 年）

2010 年，陈国强开始担任上海交通大学医学院院长，肩负着引领医学院实现新的目标和任务的使命，踌躇满志、豪情满怀地说："当我接任医学院院长的那一刻，我就把自己的命运和学院的发展联系在一起了。我愿为学院的发展贡献自己全部的智慧和力量。我坚信，通过全院同仁的努力奋斗，医学院的明天将会更加美好！"在任十年，陈国强带领交大医学院不断走向卓越。

## 四、桃李满天下

王振义在 70 余年的从医执教生涯里，共培养博士 21 名，硕士 34 名，其中 1 人被评为中国科学院院士，1 人被评为中国工程院院士，多人次获得国家"973"科学家、中国青年科学家、长江学者奖励计划特聘教授、国家百千万人才工程入选者、上海市科

王振义（右）与周小燕（左）获得首届"上海市教育功臣"称号（2003 年）

技精英、上海市劳动模范等荣誉称号。如今，王振义的弟子们遍布海内外，绝人多数都已成为所在领域的一流专家和中坚力量，共同为医学事业的发展做出贡献。

黄萌珥是王振义 1987 级的博士研究生。读博期间，黄萌珥跟随王振义进行诱导分化治疗白血病的试验，为寻找临床病例，收集标本，黄萌珥骑着自行车四处奔波，几乎跑遍了上海各大医院。经过艰辛的探索，王振义带领黄萌珥终于在全反式维甲酸诱导分化治疗急性早幼粒细胞白血病方面取得成功。如今已是法国科学院终身研究科学家的黄萌珥，每每提起王振义，心中涌出的除了崇敬，更多的是对恩师的感谢。

2011 年 1 月 14 日，王振义获得国家最高科学技术奖。身处法国的黄萌珥得知这一喜讯，特意为王振义寄来一封书信，表达了对恩师深深的敬意，信中写道："二十年以后的今天，我仍为

王振义（右）和黄萌珥（左）（2010 年）

能在青年时代在您指导下参与这项极有意义的科研医疗工作感到骄傲，我也仍然清晰地记得在实验室、在您的办公室、在血液科病房以及在您的家中承受您悉心的指点、教导……今天我能成为法国科学院的一名科研人员，与您倾注的心血和教诲是分不开的。"[1]

上海交通大学医学院附属瑞金医院血液科原主任沈志祥是王振义的第三届（1980 级）硕士研究生。沈志祥从医多年，阅历丰富，本科就读于上海第二军医大学医疗系，毕业后担任过驻藏军医，回到上海后在杨浦区中心医院工作。1980 年沈志祥考取了二医的研究生，成为王振义的学生。硕士毕业后，他留在瑞金医院血液科工作。1989 年和 1992 年，沈志祥被二医破格晋升为副教授、教授，1992 年开始担任瑞金医院血液科主任。

---

[1] 黄萌珥：《感恩王老师》，《瑞音》2011 年第 1 期。

多年跟随王振义学习和工作，让沈志祥获益良多。沈志祥回忆说："读书时，王老师对所有学生一视同仁，有教无类，针对学生的特点因材施教，帮助学生成功成才。工作以后，王老师依旧关心着自己学生的成长。记得我刚刚担任血液科主任时，经验尚浅，教学、科研、查房多项工作同时开展，难以从容应对。王老师多次给予我精心指导，并带领我和其他的同事一起去病区查房，在实践中为大家讲授工作的细节和要领。通过王老师的言传身教，我很快地调整好状态，投入工作中。"[1]

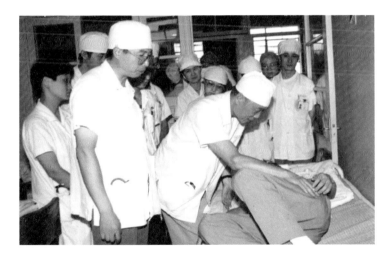

王振义带领学生查房（1989 年）

王振义的师恩令沈志祥永生难忘，王振义行医的大爱之心更让他钦佩景仰。沈志祥说："王老师总是把病人的利益放在第一位。他常说病人就是病人，没有高低贵贱之分。王老师尽管身为中国工程院院士、交大医学院终身教授，但只要病人要求挂王老师的号，他就为其看病，不讲任何后门。王老师的专家门诊一直看到 2005 年

① 《沈志祥采访实录》（未刊稿），2011年2月22日。

王振义（右）与沈志祥（左）（2011年）

左右。现在王老师已经87岁高龄了，但是临床上遇到疑难病情，大家仍会请王振义来看。"沈志祥清楚记得30多年前，瑞金医院血液科收进来一位女病人，经诊断，该病人患的是慢性粒细胞白血病[1]。王振义对这位病人非常关心，发现有新药品和新疗法，确定治疗效果后，就会及时介绍给她。王振义还把自己家中的电话留给这位病人家属。此后，病人只要病情有所变化，就会联系王振义，王振义也不厌其烦地为她安排治疗方案。按临床惯例来讲，慢性粒细胞白血病患者通常只能够活4～5年，但是在王振义的精心关照下，这位女病人已活了十多年。[2]

瑞金医院副院长、上海血液学研究所所长赵维莅也是王振义的一名得意弟子，如今已成为上海血研所的学科骨干，主要从事

---

[1]慢性粒细胞白血病（chromc myelocytic leukemia, CML）是一种获得性造血干细胞恶性克隆性增生疾病。病程进展慢，临床以脾肿大、粒细胞显著增多、外周血及骨髓中出现大量中幼、晚幼粒细胞为特征。
[2]《沈志祥采访实录》（未刊稿），2011年2月22日。

血液系统恶性疾病的临床和基础研究，研究方向主要是淋巴瘤的疾病进展分子标志物和分子靶向治疗。赵维莅参与的全反式维甲酸和三氧化二砷联合治疗急性早幼粒细胞白血病工作成果获2006年上海市科技进步一等奖，急性白血病出血的基础与临床研究获2002年中华医学科技奖二等奖。她曾主持国家高技术研究发展计划重大项目1项、国家自然科学基金1项，在《血液》等血液学权威杂志发表论文40余篇，总影响因子超过100分。2005年获明治乳业生命科学奖，2005年入选上海市科技启明星计划，2006年入选上海市卫生系统"共青团号"号长，2007年入选教育部新世纪优秀人才。

王振义（中）、赵维莅（右）在瑞金医院百年庆典时和法国朋友合影（2007年）

赵维莅还在二医读书的时候，曾到上海血研所参加暑假实习活动，参与一些项目的学习和设计。就这样，她认识了王振义老师。

老先生健步如飞，精神矍铄，走起路来比年轻人还快——这就是王振义给她留下的印象。毕业以后，赵维莅留在血液科工作，与王振义的接触就多了，王振义对她的影响也就大了，这对于她个人的发展是非常重要的。

王振义的勤奋、钻研，对他们年轻一代的发展是非常大的鼓励。王振义以前主要接受的是法语教育，但在一次国际会议上，赵维莅听到王振义的英语表达非常流利、发音非常标准，后来才知道他居然是靠自学慢慢积累、锻炼出来的，这让她佩服不已。她始终牢记王振义的教导："天才出于勤奋，任何的事不管你有没有天分，勤奋是第一位的。"后来赵维莅去法国学习了一段时间，她说："我以前是英语班毕业的，到了法国，更多时候需要讲法语。王老师的经历给了我相当大的鼓励，我也通过自学慢慢掌握了法语。我觉得王老师的言传身教对我们的发展真的具有非常重要的意义，所以我们现在在迎接新同事的第一讲上，先讲勤奋和努力，因为自身的努力是自身发展最重要的因素。没有什么能够代替自己的努力，或者说比自己的努力更加重要。"

王老师的敏锐的洞察力也让赵维莅印象深刻。对于一位八十多岁高龄的老先生来说，查房并不是一件必须要做的，或者说是有义务去做的事。但是王振义为了病人，特别是为了年轻一代的成长，每周四都坚持教学查房。赵维莅回忆说："在准备查房资料的过程中，王老师会把这些文献进行归纳，并向我们提出医学建议，譬如有些东西我们将来应该注意，有一些研究我们将来可以去做。这样敏锐的洞察力是王老师特有的，也使我们受益匪浅。他能鼓励我们产生很多灵感，让我们在临床工作中迸发出指导科研的一些思路和思想，同时科研的结果也会促使我们反过来将其用到临床上。"

王振义主张的基础科研与临床相结合的思想也对赵维莅在学术上的发展影响很深。她说："1+1从客观上来讲等于2，但无论是从学术上还是科研上来看，其实1+1有的时候会超过2，因为1+1有一种凝聚力，就像科研和临床，如果能够把科研和临床紧密结合起来，不仅我们能获得成绩，病人也能够从中获益良

王振义（左）和赵维莅（右）在瑞金医院科技楼（2012年）

多。虽然对于我们而言，科研和临床一起做是一件非常辛苦的事，但是我觉得应该乐在其中。王振义老师对临床和科研都是非常专注的，我们作为年轻一代应该向王老师学习。而且我想，科研和临床相结合是现在国际上发展的趋势，也是对一个青年医务工作者的非常重要的要求。我们现在很多的年轻的同伴都在朝这个方向发展。所以我认为科研和临床的密切结合，意义要远远超过临床和科研本身，而且这也是我们转化医学最基本的理念。"

2011年，赵维莅主持的一个关于恶性淋巴瘤基础与理论研究的科研成果获得国家教育部自然科技奖一等奖。她认为成绩的取得离不开恩师王振义的无私帮助："白血病研究是我们实验室的传统。在我2004年真正读完博士回来之后，王老师和两位陈老师（陈竺、陈赛娟）都和我讨论工作，他们觉得我在法国学习了一些相关的内容，能在淋巴系统的肿瘤中有自己的工作和发展，王老

师对这个课题也特别关注。课题刚开始的时候很艰难，但王老师经常会来询问情况，在学术和经费上都给了我们很大的帮助。我想我们能够走到今天，和王老师以及两位陈老师给予的很大的支持和无私的帮助是完全分不开的。这是我们成功的非常关键的一个因素。"

瑞金医院血液科主任糜坚青1993年毕业于上海第二医科大学六年制医疗系法文班，后进入瑞金医院血液科工作。1996年至2006年，他在法国学习、工作了十年，取得一系列科研成果，成为国际血液学领域的一名年轻科学家。2006年，在王振义、陈竺、陈赛娟三位院士的共同邀请下，糜坚青作为引进人才回到瑞金医院血液科及上海血液研究所工作。回国后，王振义对糜坚青非常关心，多次询问他的科研进展情况，并想办法为其解决工作和生活中遇到的问题。王振义了解到糜坚青在上海买房困难，便主动提出借钱给他，对他说："我现在年纪大了，不需要钱了，你用得上，不急还。"糜坚青顿时感动不已，并在心里暗暗地对自己说："唯有加倍努力工作，我才能回报王老师。"

糜坚青在学生时代虽未有师从王振义的机会，但在回国后的工作中却有幸成为王振义的"弟子"，近距离地感受这位医学大家的治学方法和科研精神。如今已是耄耋之年的王振义仍然坚持每天上午到血研所工作半天，这让糜坚青深感敬佩。每个星期四上午，王振义还要进行由他主讲的教学查房活动，王振义称之为对自己的"开卷考试"，即在查房前三天，由年轻的临床医生出难题，拿临床上的疑难杂症向王振义提问。王振义用三天时间上网查阅国内外最新医学文献，把该病的解析方法和治疗经验制成PPT，向年轻的医师展示和讲解。对于这样的形式，糜坚青说："王老师精彩的教学查房活动，对我们来说是他已把'饭烧好了'，

'菜炒好了'，我们不用再'淘米洗菜'了。来听课的医生们都把王老师的PPT视为珍宝，许多人都把PPT拷贝回去，仔细研究。正是王老倾囊相授、无私开放的态度，督促着我们始终坚持学习，并努力走在学术的最前沿。"①

王振义（中）、糜坚青（右）与"法国西蒙娜和西诺·德尔杜卡基金会"主席（左）（1998年）

瑞金医院血液科副主任胡炯也是瑞金医院血液科的骨干，现在主要从事骨髓移植方面的临床和研究工作。

胡炯是1993年进入瑞金医院成为血液学临床研究生时认识老师王振义的。他第一次和王振义近距离接触是在血液科每周一次的疑难病例讨论会上。王振义当时虽然已近70岁了，给人的印象

---

① 《"病人的利益，永远是第一位的"——记国家最高科技奖得主王振义院士》，《健康报》2011年1月17日，第2版。

却是精神矍铄、思想敏锐、言语温和。有他参加的讨论会一直很受欢迎，因为在那里能听到他介绍国际上最新的专业动态和最直接的一手经验，能听到他讲解病例时介绍国内外最新的研究进展，新知识和新论点他总能娓娓道来。让胡炯印象最深的是他分析推理的缜密，以及在旁征博引、举手投足中自然流露出的深厚文化底蕴。

王振义（右）和胡炯
（左）（2014 年）

作为住院医师，胡炯在有疑难病例需要讨论时，经常去图书馆查阅最新的国外专业杂志，没想到好几次遇见老师王振义也在查文献。每次王振义看到胡炯这个血液科用功的年轻医生，总是微笑和蔼地颔首回礼。

有那么几次，在胡炯负责的几个疑难病例讨论会上，胡炯通过查阅文献和分析推敲，解决了部分难题，都受到王振义的表扬："小胡查到的文献很契合这个病例，分析得很合理。"在王老师的鼓励下，胡炯逐渐养成了平时多看文献、不断积累的学习习惯。

1996 年，在王振义的推荐下，胡炯获得了胡郭秀萍基金（Ivy WU Fellowship）的支持，得到了在香港大学医学院的进修机会。在选择进修科目的时候，胡炯对当时血液科尚未开展的造血干细胞移植技术产生了兴趣，就在讨论病例的时候向王振义老师请教进修的方向。王振义虽然主要从事白血病靶向治疗研究，并且已经在国际上取得了重大突破，但仍然建议胡炯去尝试这些未知的领域。在老师的鼓励下，胡炯选择了去香港大学玛丽医院成人血液科骨髓移植中心学习，最终，造血干细胞移植成为他日后临床和研究的主要方向。

1997 年，王振义决定编写一本专门介绍诱导分化和凋亡治疗肿瘤的专著。他特意邀请年轻好学的胡炯参与撰写了第七章"砷剂治疗白血病及急性早幼粒细胞白血病"。在王振义的指导下，胡炯和沈志祥老师一起查阅了大量的资料，从"砷的生物学作用""砷剂治疗白血病的临床应用""砷剂治疗白血病的毒理作用和药代动力学研究"三个方面进行了阐述和论证，完成了撰稿任务。

2003 年，胡炯从美国回来，担任上海血研所常务副所长，办公室就在王振义的隔壁。那时他自觉在业务上开始进入成熟期，但由此也需要对大方向进行把握和确定，角色转变的过程中有犹疑，再加上离国三年，需要适应的地方也不少，所以有时也会去找王老师开释。

谈到王振义老师对自己的影响和帮助时，胡炯充满深情地说："当时已年过七十的王振义院士骑着自行车上下班的身影，已成为瑞金医院一景。身处当下浮躁的世界里，王老师的身影对我有种'定锚'的作用。晚年的王老师虽然已经是一位资深院士，还获得了国家最高科学技术奖，但仍然一直活跃在研究、临床和教学第一线，从没用自己响当当的名头开辟过一个为个人谋取名利的小天地。他的一言一行一直影响着他的身边人以及我们这些晚辈。时至今日，我无意中发现自己带教学生时看人、用人的方式，受王老师影响不小，也许这就是言传身教、师道传承吧。'教育本身意味着一棵树摇动另一棵树，一朵云推动另一朵云，一个灵魂唤醒另一个灵魂。'谨以这句教育格言献给桃李满天下、已然是'一代宗师'的王振义老师，同时勉励我自己。"

周光飚是王振义2000级的博士研究生，也是王振义的"关门弟子"。跟随王振义的这几年让他时刻感受着这位长者虚怀若谷、实事求是的大医精神。博士毕业时，周光飚为留在科研单位还是到临床做医生而犹豫。这时候，王振义的一番话点醒了他："科学研究是很清贫的，也很枯燥，但是你正在从事的研究是很有前途的，只要你努力，我相信你一定能在这里做出很好的成绩。"[1]

周光飚留下后，王振义又主动关心他的生活条件：住处解决了吗？待遇怎样啦？王振义的关心让这位只身在上海拼搏的年轻人倍感亲切。毕业后的几个月中，周光飚的动物实验毫无进展，他陷入困惑之中。王振义观察到这一情况，劝诫周光飚不要急躁，也不要钻牛角尖，科研事业必须尊重客观规律与结果，否则，就会对临床造成误导，就是对病人的不负责。王振义的话犹如一针"清醒剂"，令周光飚茅塞顿开，此后，他重振自信和精神，全身心地投入科研工作中。

有一次，周光飚在王振义指导下做实验，发现一种中药提取物具有较强的抗白血病活性，经过体内、体外实验，证实无明显副作用。

---

[1]施嘉奇：《王振义"反式"人生》，《文汇报》2011年1月15日，第7版。

这一发现令王振义欣喜不已。为了使其尽早经过临床实验，制成新药，他做出一个大胆的决定：自己尝试服用该药，以验证其安全性。

王振义（左）与周光飚（右）一起参加全国实验血液学学术会议（2009 年）

周光飚得知后，赶忙劝说道："王老师，这太冒险了。万一这个药在您体内产生毒性反应，后果不堪设想。"但是，王振义却满不在乎，他开玩笑地说自己是在仿效"神农尝百草"。

王振义只想着为白血病病人找到新药，早把自己的安危置之度外。周光飚被老师崇高的医德深深感动。保险起见，周光飚提出，服用该药前，先在小鼠身上进行急性毒性实验。

王振义同意了周光飚的建议。进行小鼠实验时，周光飚心想，若实验结果是小鼠没有毒性反应，王老师一定会坚持服用这个药。但王老师年事已高，服药始终是不能令人放心的。若要王老师放弃服药的决定，只有让小鼠产生毒性反应才行。因此，周光飚在实验中使用了超大剂量，导致小鼠出现了中毒反应，王振义看到实验的结果和相关数据后，最终打消了之前服药的想法。

周光飚后来回忆说："王老师不知道我在实验中所用的药物剂量，因此，我这么做等于是欺骗了他。这是我唯一一次向王老师'隐瞒了真相'。但是，为了老师的健康着想，我只有这么去做……现在该药已开始临床实验，我也要对王老师说'对不起'了，期望能够得到老师的原谅。"

后来，周光飚在王振义、陈竺、陈赛娟老师的共同指导下，深入研究了该药的抗白血病作用，论文被国际知名的《血液》杂志接受发表。陈竺请王振义老师做该论文的通讯作者。王老师谦让地说："这个工作主要是年轻人做的，我就不做通讯作者了。"

几年来，在王振义的谆谆教诲下，周光飚在临床和科研上取得许多成绩。2005 年，周光飚离开上海，到中国科学院广州生物医药与健康研究院工作，后于 2009 年调到中国科学院动物研究所任肿瘤分子机理与靶向疗法研究组组长，主要研究肺癌、白血病等肿瘤发病机理，研发靶向疗法，筛选治疗药物，已在《血液》《美国科学院院报》《血液学》等著名医学杂志上发表 20 多篇论文，申请专利 10 项，先后承担了国家自然科学基金、中国科学院知识创新工程重要方向项目、科技部新药创制重大专项项目、"973"及 "863"项目等多项课题的研究。

李军民是瑞金医院血液科原主任。他考取了硕士研究生后，怀着紧张而又兴奋的心情在瑞金医院血液科首次见到了指导教师、时任二医校长的王振义教授。在和李军民的谈话中，王振义得知他是刚结束大学本科的学习、将来立志于临床研究的大学生，就根据当时教育改革的精神决定让他先在瑞金医院工作两年再完成研究生学业。所以，李军民就成为当时为数不多的应届本科毕业生考取研究生后保留学籍先参加工作的教改先行者。这对于他的人生历程具有重要的里程碑意义，同时也让他从此与瑞金医院结下了不解之缘。他获悉王振义获得国家最高科学技术奖的时候，给恩师写了一封热情洋溢的信，表达了他的感激之情：

> 老师，我的知识来自您的教诲，我的人生源于您的启迪。您是学生迷茫中的指引，是黑暗中的光明，是人生中的启蒙。自从投入您的门下，从您那里我不但看到知识的源泉，也深深感受到您的人格魅力和精神力量。您不但教授我们知识，更注重培养我们应用知识的能力，如何进一步去探索医学知识的奥秘。1990 年代大批学子开始留学国外，对我来说同样充满憧憬。为了让我获得更多的见识，是您帮我联系到您的法国好友——法国第七大学著名的 Caen 教授那里以及美国 MD Anderson 肿瘤中心著名的 Champingn 教授处进修学习，让我有机会了解西方发达国家在血液基础研究和临床研究的最新发展。
>
> 不论在法兰西还是在美利坚，这些西方著名的血液学权威谈论到您时每每都表现出对您崇高的敬意。记得有一天在美国 MD Anderson 肿瘤中心病房查访时，正好医院的药剂科主任路过病房，Champingn 教授向这位主任介绍说我是来自上海的一名医生。这时那位教授问了我一句让我深感震惊的话：你是否认识上海有位王振义教授，他很了不起。我告诉他我就是王教授的学生，他何以知道王教授？他回答我：我并不认识王教授，但我知道他是一个伟大的人物，他可能开创了肿瘤治疗的新时代。王老师，

王振义（右）和李军民（左）（2002 年）

这就是一个非血液专业工作者对您的评价。

老师，您知道吗？您的种种，对我来说都是刻骨铭心的。您授予的不只是知识，还有做人的道理；您传授了我 23 年的知识，也教导了我 23 年的人生道理。在您的教育之下，我从一个懦弱而迷惘的学生，成长为能独当一面，积极进取的临床大夫。但即使是现在，您还是以您的表率作用不断给予我们支持和帮助，鼓励我们不断学习，推动和引导我们不断前行。

您那个年代的人在读书期间还根本没有分子生物学的概念。但您以 60 多岁的年龄硬是从头学起，掌握了分子生物学等当今最新技术与发展，让我们这些小辈感到汗颜。我们都说您是唯一可以将一个疾病从人体讲到基因分子的人，直到现在您还在不断探索学习。您说每周科室的病历讨论对您是次开卷考试，我们提前两天告知您简要病史，您要在这两天里上网看书，查阅大量资料，最后提出您的意见。想想看，这一考就是几十年。您还经常问我们这是否对我们有帮助。这何止是帮助，这是您对我们知识永久的教诲，同时也在每次讨论过程中向我们提出了一个个去努力探索的课题。

老师，我真的非常感谢您。正因为从您那里的不断汲取，我的精神才得以丰富，智慧得以增长，素质得以提升。今天开始会有不少的标幅、标语在称赞着您。但老师，对您的学生来说，我想在这一刻给您写封信以表达我内心的这一份感激之情。您在我的心中是一株松树，在高高的山顶上毅然挺立。您言传身教，教会了我们要坚强面对生活，要勇做人生弄潮儿。我将会带着您的教导，不辜负您对我的期望，迈向美好人生！

王振义在开卷考试（2010年）

# 结　语

## 王振义：践行科学家精神的典范

人无精神则不立，国无精神则不强。习近平总书记指出："科学成就离不开精神支撑。科学家精神是科技工作者在长期科学实践中积累的宝贵精神财富。"[①]"在中华民族伟大复兴的征程上，一代又一代科学家心系祖国和人民，不畏艰难，无私奉献，为科学技术进步、人民生活改善、中华民族发展作出了重大贡献。新时代更需要继承发扬以国家民族命运为己任的爱国主义精神，更需要继续发扬以爱国主义为底色的科学家精神。"[②]

2024 年 11 月 30 日是王振义院士百岁华诞，就在同年 9 月，他被授予"共和国勋章"。"伟大时代呼唤英雄、造就英雄。英雄辈出，党和人民事业就会兴旺发达、长盛不衰。"[③]70 多年来，王振义为了新中国的医疗卫生事业和医学教育事业的发展，辛勤劳动、无私奉献，这离不开他身上闪耀的科学家精神的巨大支撑。他善于把医学基础理论和临床医疗实践相结合，把医学科学研究和临

---

①姚大伟：《习近平主持召开科学家座谈会强调面向世界科技前沿面向经济主战场　面向国家重大需求面向人民生命健康　不断向科学技术广度和深度进军》，《人民日报》2020年9月2日，第1版。
②习近平：《习近平在中国科学院第二十次院士大会、中国工程院第十五次院士大会、中国科协第十次全国代表大会上的讲话》，《人民日报》2021年5月29日，第2版。
③《中华人民共和国国家勋章和国家荣誉称号颁授仪式在京隆重举行》，《人民日报》2024年9月30日，第1版。

床医学教育相结合，坚持面向世界科技前沿、面向人民生命健康，不断向医学科学的广度和深度进军，为登上世界医学科学高峰，提高我国在国际医学界的地位做出了不可磨灭的贡献。他是践行"爱国、创新、求实、奉献、协同、育人"科学家精神的典范。

## 胸怀祖国、服务人民的爱国精神

中华民族从古至今都把爱国与否作为一条最重要的伦理道德原则。王振义认为："爱国，首先就要爱自己的事业，我这一辈子看好了一种病，而我最遗憾的是只看了这一种病，还有很多病没有攻克，病人需要我们，祖国需要我们，我们每个人都要不断学习和创新，更好地为病人服务，为祖国奋斗。"

爱国，就要热爱祖国的文化。在努力学习外来文化优秀部分的同时，继承和弘扬我们民族文化传统的精华，也是爱国的重要内容。在浩如烟海的中国医学发展史中，中医药以其独特的理论体系和实践经验，屹立千年不倒。而当现代医学与传统中医药相遇，会碰撞出怎样的火花呢？王振义就是一位在现代医学与中医药之间架起桥梁的杰出代表。他不仅在现代医学领域取得了卓越的成就，更对中医药抱有深厚的兴趣和敬意。在他看来，中医药是中华民族的瑰宝，蕴含着深厚的文化底蕴和医学智慧。

西医学中医，是科学家精神的充分体现。1958 年 10 月 11 日，毛泽东主席在关于西医学习中医的批示中指出"中国医药学是一个伟大的宝库，应当努力发掘，加以提高"，全国医疗界掀起了学习中医的热潮。

尽管王振义一直接受的是西医教育，并且长期从事西医的诊疗和研究工作，但博大精深的祖国医学在他看来就是一个取之不尽的宝库，他相信，将中西医学的精髓有机地结合起来，一定能够造福更多的人。他认为："中医很多理论都是实践得来的。中国几千年靠什么方法去看病？都是靠中医。所以在中医里边包含着很多有效的方法，我们应该很好地整理一下。"他积极响应毛泽东关于学习祖国医学的号召，认真学习了两三个月的中医。由于学习刻苦、领悟力强，两周之后，他就受命去为其他医生讲授中医知识。怎样才能完成这一新的任务呢？他清醒地认识到："在贯彻党的中医政策工作中，如果能尽自己的一份力量，帮助大家一起学好中医，即使紧张些，也是一件光荣的任务，况且我们有党的领导和支持，有许多中医老师为导师，我就勇气百倍，对完成这一任务有了信心。"他在《在讲课的内容中如何贯彻中西医结合》一文中，大胆地提出了创立新医学派的设想，即设立中西医结合学科。

王振义认为，首先应该大胆设想，要有创立新医学派的雄心壮志，在诊断方面的中西医结合，应当是把祖国医学的整体性的辨证论治和现代医学的病理性诊断结合在一起，这样的诊断将是全面性的，既有整体的综合性诊断，又有局部的疾病分类、症状和病理的诊断。他提出，要做好中西医结合，必须先分析祖国医学理论体系与现代医学有何异同，哪些是中医所独有的，是现代医学所不及的。在肯定现代医学的科学方面的同时，也要把错误的观点加以纠正，把中医的优点融合进去。

在之后数十年的行医生涯中，王振义将祖国医学和现代西医理论合二为一，将中国古代哲学思想与当代科学思想融为一体，做出了卓越的成绩。

从国家的站位和角度来看，王振义的探索与实践具有深远的意义。他的工作推动了中医药与现代医学的融合发展，为构建具有中国特色的医疗卫生体系做出了重要贡献。在当前全球化和信息化的背景下，中医药作为我国独特的卫生资源，其价值和意义愈发凸显。王振义的努力，让更多的人看到了中医药在现代医学领域的应用前景，进一步提升了中医药的国际影响力。

## 勇攀高峰、敢为人先的创新精神

创新精神是一个国家和民族发展的核心，是推动社会前进、科学探索的不竭动力。习近平总书记指出："我国广大科技工作者要有强烈的创新信心和决心，既不妄自菲薄，也不妄自尊大，勇于攻坚克难、追求卓越、赢得胜利，积极抢占科技竞争和未来发展制高点。"①

作为一名医生，要敢于创新和挑战医学难题。在王振义看来，创新首先是一个理念的问题：你对事物是就事论事地看，还是不断地探索背后的奥秘，不断地问一个为什么。正如习近平总书记指出的："要创新，就要有强烈的创新意识，凡事要有打破砂锅问到底的劲头，敢于质疑现有理论，勇于开拓新的方向，攻坚克难，追求卓越。"②比如说面对那么多死于癌症的患者，王振义就会问：为什么会有癌症呢？然后就进行一系列的研究探索，研究后发现有很多相关基因，那么这些基因之间有什么关系呢？归纳总结这里面的关键问题，就需要想象。而从这方面努力，肯定可以找到

---

①吴秋余、鞠鹏：《习近平在中国科学院第十九次院士大会、中国工程院第十四次院士大会开幕会上发表重要讲话强调 瞄准世界科技前沿引领科技发展方向 抢占先机迎难而上建设世界科技强国》，2018年5月29日，第1版。
②中共中央文献研究室编《习近平关于科技创新论述摘编》，中共文献出版社，2016，第39页。

一些解答，得到一些新的启发，这就是创新。

20 世纪 80 年代，王振义开创了肿瘤的诱导分化疗法，首创用国产的全反式维甲酸治疗急性早幼粒细胞白血病，使这种凶险、高死亡率的急性白血病缓解率达到 95%，5 年生存率上升至目前的 92%，树立了基础与临床结合的成功典范，使急性早幼粒细胞白血病患者的

王振义在做实验（2008 年）

生命得以顽强地延续下去。而且，他毫无保留地将这一成果推广全全世界，与国内外同行分享，为世界医学界恶性肿瘤的治疗做出开创性贡献。王振义也由此获得国际癌症大奖——凯特林癌症医学奖等多项殊荣，并当选中国工程院院士。

医学研究和治疗过程中会遇到很多困难，但总要看到光明的一面、人类进步的一面。王振义认为，医生要在社会中发挥应有的作用，要敢于创新和挑战医学难题，在已有研究的基础上多思考。

有些医学上的创新就是建立在别人已有研究的基础上的，多问一个为什么，就有可能发现新的理论。比如以前的研究结果已提示，肿瘤干细胞是肿瘤生长、扩散和复发的根源，但如何将干细胞的性质和检测方法弄清楚，如何消灭它，使肿瘤得到根治，这就是一种想象。王振义特别强调，一个科学家要会科学地思考和想象，才能有所创新。全反式维甲酸治疗的创新就源于此。

诱导分化的思路从何而来？并不是空想出来的。以色列科学家雷奥·萨克斯发现肿瘤细胞在某种化学物质作用下，可转变成为一种成熟的非肿瘤细胞，该研究成果于 1978 年在顶级期刊《自然》上发表。王振义看到人家的研究工作，就知道这条路可以走。他还认为，看到患者没有更多的钱看病，这就促使我们医生产生两种动力：一种是我们自己研究，研制出一些比较好的药；第二种就是考虑有没有另外一条路可以走。我们要面对现实，大部分人难以承受高额的医疗费用，面对困难，我们的医生更应该自己研究，自力更生，找出新的途径。

王振义的故事是一部科技创新与奋斗史。

## 追求真理、严谨治学的求实精神

新时代科学家精神，重要的一条就是追求真理、严谨治学的求实精神。在建设新中国、攀登世界医学科技高峰的征途中，王振义就是将热爱科学、探求真理作为毕生追求，始终保持好奇心的典范。从 1948 年到 2024 年，潜心研究、治病救人的崇高事业伴随着他从青春走向期颐之年。他既是科研学术导师，又是治病救人的医生，在堆满仪器的实验室停不下来的基础研究和面对来自全国各地的重症患者的临床实践中，他把对科学的追求和对病患的关爱诠释到极致。

总结自己走过的医学和教育的人生历程，王振义深深地体会到，最重要的是要从实践中找出理论规律。他认为，医生所从事的是一个崇高的职业，是一个最能体现爱心的职业。医生每天都要接触病人，要看好他们的病，要对他们有同情心、爱心，还要有足够的技术能力。有爱心，没有好的医术，救不了病人；有好的医术，没有爱心，可能还会害病人。这二者缺一不可，因此，医生应该不断学习，不断累积，不断思考，充实自己，提高自己的业务水平，才能解决困难。有了足够的知识，还要在别人研究的基础上多思考，进行科学想象，才能进行医学创新。在学习中，要触类旁通，拓宽自身知识面，不能只研究常见病，还要多学习和掌握其他的疾病、甚至其他专业的内容，才能提高自己的医术。在具体的行医实践中，医生应当以爱心为基础，关爱病人，正确对待医患关系，淡泊名利，注重医德修养，踏实工作。

20世纪80年代，王振义第一次用全反式维甲酸疗法治愈了一名5岁的急性早幼粒细胞白血病病人。当时这个孩子出血、高热，病情十分严重，依据当时的医疗水平，治愈是无望的，但最终是用了这种疗法把病人治好了。

有人产生过怀疑，问全反式维甲酸疗法有何科学根据？其实王振义在病人身上用药是非常谨慎的，之前他的团队已进行过长时间的研究，证明全反式维甲酸在体外可使急性早幼粒细胞株和原代细胞向正常细胞分化，且该药已获批用于治疗部分皮肤病。治疗第一个危重病人得到的惊人效果，鼓励王振义和他的团队连续治疗了24个病人，结果其中有23个被此法治好。此后，这种治疗白血病的方法在国内外引起巨大的反响。

每一种药物用于临床都存在一定的风险，怎么去克服这个风险？王振义认为，第一，要端正思想，这是临床工作的出发点。第二，用药一定要有科学依据。第三，给病人用药就得负责，一定要密切观察。克服风险需要谨慎有效的临床实践。医学是一门实践科学，只有实践、探索，才能理解、掌握和运用所学的知识，治好疾病。

如今的王振义，虽已功成名就，但心中还有未了的心愿。他说："几十年过去了，我们研究的只是攻克了白血病中的一种，很多白血病至今仍无法治疗。离治愈白血病还有很长的路要走，所以我还要不断地学习和努力，再为人民做一些有益的事情。"

## 淡泊名利、潜心研究的奉献精神

大力弘扬淡泊名利、潜心研究的奉献精神，必须要树立正确的名利观。习近平总书记指出："科学研究既要追求知识和真理，也要服务于经济社会发展和广大人民群众。广大科技工作者要把论文写在祖国的大地上，把科技成果应用在实现现代化的伟大事业中。"他特别强调，"很多科学研究要着眼长远，不能急功近利，欲速则不达"[1]。"科学家的优势不仅靠智力，更主要的是专注和勤奋，经过长期探索而在某个领域形成优势。"[2]重大科研成果的取得，都需要科学家长期钻研，持续关注，都要下"数十年磨一剑"的苦功夫，甚至要几辈人的努力，才能取得突破。2024年9月，王振义获得"共和国勋章"，这背后是他70余年的无声坚守。王振义对中国医学发展的贡献，不仅在于他取得的科研成果，还在于他以自身的经历和成就证明了淡泊名利、不骄不躁、矢志科研、是一个医学科学家的重要品质。这种品质让中国医学科学家的人格与情操变得更加纯粹，医药卫生界的工作作风、科研风气也因此更加淳正。

王振义特别注重医患沟通，正确对待医患关系。他始终秉承

---

[1] 习近平：《为建设世界科技强国而奋斗——在全国科技创新大会、两院院士大会、中国科协第九次全国代表大会上的讲话》，人民出版社，2016，第10页。
[2] 习近平：《在科学家座谈会上的讲话》，《人民日报》2020年9月12日，第2版。

广博慈爱的医者精神，时刻铭记毕业时所许下的誓词——"谨守医师道德""于病者当悉心诊治""于任何病人，绝不索其力所不逮之诊金，并愿每日牺牲一部分时间，为贫苦病人免费之诊治""绝不接受不义之财"，并用自己的实际行动做出了最好的表率与诠释。

廉洁行医，不收红包，是王振义从医70余年坚持的一个原则。一次，有一位外籍患者请王振义看病，看完后拿出一个信封放在桌上，里面装的是厚厚的一叠钱。王振义将信封还给了他，说："我不能收，因为你是在我们科里看病，我又不是自己开诊所的私人医生，钱你必须拿回去。"过了一阵子，这位病人又来了，王振义照样非常认真地给他看病，看完后病人在桌上放了一些"金条"，王医生心里一惊，难道病人是误会上次的几万元现金送得不够，这次送来金条？病人笑着打开包装，原来里面是巧克力，王振义笑着拿给大家一起分享了。

假如说，拒收红包对王振义来说，是作为一位医者的本分，那么救病帮困，甚至是对病人"倒贴"，则是他人品中更值得称颂的一点。

毛泽东有句名言："一个人做点好事并不难，难的是一辈子做好事，不做坏事，一贯的有益于广大群众，一贯的有益于青年，一贯的有益于革命，艰苦奋斗几十年如一日，才是最难最难的呵！"这句话揭出了一个高深的现实命题。但"难"在哪里？怎样解决这一"难"题？王振义以自己的行动给出了答案。70余年来，他共帮助过多少患者，为他们垫付医药费、寄送生活费，送这送那，谁都说不清，就连他自己也都记不清了。但是被他帮助过的病人却会铭记在心，终身难忘。

王振义不仅在医学专业领域出类拔萃，在公益慈善方面也起到了表率作用。多年来，他每年春节前夕都会向市慈善基金会捐赠1～2万元，用以帮助贫困群众。无论国家遇上什么灾害，他都会慷慨解囊，帮助受灾群众。2008年"5·12"地震发生后，他还特意委托卫生部部长陈竺转交了用以帮助四川残疾伤员康复的捐款10万元。十多年来，他不求回报，定期捐赠，展现了他崇高医德、高超医术之外充满爱心的另一面。

## 集智攻关、团结协作的协同精神

科学研究并非一蹴而就的，而是无数科学家集智攻关、团结协作，共同朝着一个目标奋斗的结果。协同精神是科学家精神的重要内容，也是我们能够接连创造科技奇迹的关键密码。王振义在治疗白血病的临床实践中，创造性地提出在不损伤正常细胞情况下的肿瘤细胞诱导分化治疗理论，并率先在世界上成功实施了"诱导分化"这一肿瘤治疗的全新方法，确立了国际公认的白血病治疗"上海方案"，正是中国科学家们协同精神的最好展现。

虽然王振义利用全反式维甲酸治疗急性早幼粒细胞白血病在临床上疗效显著，但仍然只停留在临床经验阶段，维甲酸导致恶性细胞"改邪归正"的作用机制亟待阐明。1989年，王振义的硕士研究生陈竺、陈赛娟在法国获博士学位后回国工作。王振义根据师徒三人各自的专长，进行了分工。王振义主要从事白血病的临床研究工作，陈竺进行分子生物学细胞遗传学的研究，陈赛娟利用细胞遗传学，就成了将王振义和陈竺的研究连接起来的桥梁，用陈竺的研究成果，确定白血病病人的分类、分型，在王振义临床治疗不同病人时提供适宜的治疗方法。

师徒三人用先进的思路和分子生物学技术，一同开展全反式维甲酸治疗急性早幼粒细胞白血病的作用机制研究。通过进一步深入研究，王振义终于系统地阐明了全反式维甲酸诱导急性早幼粒细胞性白血病诱导细胞分化的机制原理，使肿瘤诱导分化疗法由之前纯粹的临床经验发展到系统科学的理论体系，使我国白血病基础研究开始跨入世界先进行列。

1994年，王振义得知哈尔滨医科大学第一附属医院的张亭栋早在20世纪70年代就将中药砒霜制成砷剂，通过静脉注射，在肿瘤特别是急性早幼粒细胞白血病方面获得了明显的疗效。然而，当时的学术界无法接受用一种剧毒药物去诊治疾病的做法。多年来，张亭栋关于三氧化二砷治疗白血病的发现仅应用于哈尔滨医科大学第一附属医院的临床治疗，一直未能得到更大推广。王振义认为虽然砒霜是一种剧毒中药，但中医博大精深，且讲究"以毒攻毒"的用药理念，张亭栋在临床上进行了检验，取得了很好的效果，一定有其内在的科学道理。他主张与张亭栋所在的哈尔滨医科大学第一附属医院合作攻关，用分子生物学的理论去揭示砒霜治疗白血病的内在机理。

1995年，王振义与陈竺、陈赛娟等和哈尔滨的同道们共同组织了攻关小组，协同合作科研。经过一年多的体外实验，他们发现砒霜不仅能选择性地降解引起急性早幼粒细胞白血病的致病蛋白质 PML-RARα 融合蛋白，而且还会产生剂量依赖的双重效果，在较低剂量时诱导细胞分化，在较大剂量时诱导那些无法被"教育改造"的癌细胞凋亡。王振义等首次从分子生物学及基因水平揭示了三氧化二砷诱导急性早幼粒白血病细胞凋亡的机理。这一发现使得砷剂治疗白血病为现代国际主流学术界所接受，也使砒霜这一古老的中国药物正式步入了现代药物治疗研究的主流。

## 甘为人梯、奖掖后学的育人精神

科学家也是教育家，培养优质的人才是保证科技事业与时俱进、永葆活力的基础。甘为人梯、奖掖后学的育人精神是科学家精神薪火相传的关键。正如习近平总书记所说，科学家"不仅要做科技创新的开拓者，更要做提携后学的领路人"，要"肩负起培养青年科技人才的责任，甘为人梯，言传身教，慧眼识才，不断发现、培养、举荐人才，为拔尖创新人才脱颖而出铺路搭桥"[1]。

王振义特别关心和爱护青年人才，始终"把发现、培养青年人才作为一项重要责任，为青年人才施展才干提供更多机会和更大舞台"[2]。他深深地认识到，现代化建设需要大批科研人才，"在中国培养一支科技人才队伍的重要性远远超过个人在学术上的成就"。他在进行自己心爱的科研事业的同时，也在教学工作中培养了一批又一批优秀医生。

70多年来，王振义教书育人，擎灯引航，呕心沥血，为学生们铺就充满智慧的成长之路，培养了一大批医学临床和科研人才，形成了"一师门四院士"的学术传奇。他在治学、行医、育人、修身方面的表率，他的科学精神、高超医术、师德情操和人格风范值得医学生终生学习。

王振义是一名成功的教师，他的学识丰富渊博、逻辑思维周

①习近平：《在中国科学院第十七次院士大会、中国工程院第十二次院士大会上的讲话》，人民出版社，2014，第19页。
②习近平：《在中国科学院第十九次院士大会、中国工程院第十四次院士大会上的讲话》，《人民日报》2018年5月29日，第2版。

密、治学态度严谨。无论是基础理论课，还是临床病例讨论分析，他的讲课方法、他的精辟分析都给他的学生、同行留下深刻印象。他说："凡是做教育的人都有一个心愿——使年轻人能够成长，掌握现代科学。我想每个老师都是这样。我没别的特别的地方，只是带着他们一起学习，使他们有一个正确的学习方向和方法，为他们多创造一些发展的机会和空间。"

在科研工作中，王振义甘为人梯，重视对青年人的培养，给青年人机会，把青年科技人员推上第一线，让他们主动参与国内外竞争，参与到最具挑战性和前沿性的重大课题中来，通过竞争，不断完善研究设计，不断提高自身学术水平。在王振义的指导下，白血病分化诱导疗法已被公认为国际经典，但这一成果的具体承担者是当时年仅 23 岁的研究生黄萌珥。

1994 年王振义被评为中国工程院院士，1996 年，王振义主动将上海血液学研究所所长的位置交给陈竺。很多人问他，你刚好在往上发展的时候，为什么一下子又退下来了呢？王振义回答说，要考虑年轻人个人的发展，同时，也考虑到血研所的前途，我觉得年纪轻的人比我强，对于血研所的发展有好处，那么理所当然，就让贤，让他去领导。

在回忆当时的情景时，王振义深有体会地说："现代医学科技发展非常快，但我却越来越老了，如果我们不看到发展，还是用原来的方式管理这个研究所，用原来的学术水平领导这个研究所，这个所是会走下坡路的。交班给这样的学生，我放心。青出于蓝而胜于蓝，这是社会发展的规律。我曾提出一个抛物线的理论：一个人的事业总是往上走，但他到了顶点以后，受到年龄、体力等各方面的限制，总是要往下走的。一个人的整个成长过程是如此，事业也是如此。

那有什么办法使事业始终保持向上呢？那就是当你看到或是感到往下走时，马上物色人才来顶替你。你的目的是事业，而不是个人。只有这样，事业才会永远向上发展。在我看来，整个团队就应该像一条船，有一个总的目标，知道该往哪里航行，船长、舵手虽然在不断更换，但航行的目的始终清晰，事业的航程才能破浪前行。"

2024年9月29日，习近平总书记在向国家勋章和国家荣誉称号获得者颁授勋章奖章仪式上指出："我国正处于以中国式现代化全面推进强国建设、民族复兴伟业的关键时期。全党全国各族人民要以英雄模范为榜样，团结奋进、砥砺前行，汇聚起共襄强国盛举的磅礴力量。"[1] 王振义的成功经验告诉我们，只有将个人理想与国家需求相结合，才能在科学研究的道路上走得更远。他的精神激励着更多的年轻科研工作者投身于现代医学的研究，为人类的健康事业做出更大的贡献。

---

[1]《中华人民共和国国家勋章和国家荣誉称号颁授仪式在京隆重举行》，《人民日报》2024年9月30日，第1版。

《清贫的牡丹》

# 王振义大事年表

**1924 年**

11 月 30 日，出生于上海公共租界陈家浜珍福里。父亲王文龙，母亲陈姿芳。

**1931 年**

9 月，就读于私立兴中小学。

**1933 年**

祖母庄氏不幸因患伤寒去世，对王振义产生很大影响，他开始对从医产生浓厚兴趣。

**1934 年**

9 月，转入萨坡赛小学学习。

**1936 年**

7 月，小学毕业。

9 月，进入震旦大学附属中学初中部学习。

**1939 年**

9 月，进入震旦大学附属中学高中部学习。

**1942 年**

8 月,与陈佐舜、杨建廷、曹仲华、吴福铸、罗远俊、张传钧结拜为兄弟。

9 月,免试进入震旦大学医学院学习。

与陈佐舜、杨建廷、曹仲华、吴福铸、罗远俊、张传钧先后受洗,信奉天主教,并都名为"John"。此后,七人就以"Seven John"("七个约翰")的名义定期组织活动。

**1944 年**

夏天,在上海天主教南教会创办的救济医院见习。

**1945 年**

9 月,参与为期两周的联合国救济总署与上海天主教组织联合主办的救济贫民活动。

**1946 年**

担任上海南市救济医院值班医师,每周日代替该院住院医师值班,有时前往闵行疗养院代替住院医师值班。

**1947 年**

7 月,被推荐为震旦大学天主教公教青年会会长,参与天主教会组织开展的一系列社会救济与访病问苦活动。

在外科临床学习时,因病史写得好而获学校奖励——一本名为《急诊诊断学》的原版参考书。

**1948 年**

6 月,从上海震旦大学医学院毕业,获医学博士学位。六年总成绩列班级第一名,获奖励。

7 月,任广慈医院住院医师。

**1949 年**

7 月，作为医生代表参加广慈医院工会筹备工作。

**1950 年**

2 月，参加抢救"二六轰炸"伤员工作。

1—4 月，参加震旦大学为军服务医疗队，任嘉兴东大营队长，出色完成为军队防治血吸虫病任务，受到华东军政委员会和第三野战军的表扬，荣立三等功。

10 月，被推选为广慈医院工会副主席。

11 月 19 日，与谢竞雄在上海复兴中路森内饭店举行婚礼。

**1951 年**

1 月，被推选担任卢湾区第一届各界人民代表大会代表。

2 月，参加"上海各界人民反对美国武装日本代表会议"，担任示威游行活动嵩山、卢湾区医务大队副队长。

6 月，被推选为华东各界青年纪念"五四"筹备委员会委员。

7 月，任广慈医院内科住院总医师。

7 月，任震旦大学医学院内科助教。

9 月，上海市军事管制委员会正式征用广慈医院时，参加医院资产的清点工作。

9 月，被推选为上海市抗美援朝天主教支会委员。

10 月，在《中华医学杂志外文版》上首次发表论文《嗜酸性白细胞在外科休克中的预后意义》(为第三作者)。

**1952 年**

1 月，在"三反"斗争中担任"打虎队"副队长。

11 月，晋升为主治医师。

**1953 年**

4 月, 参加上海市第五批抗美援朝志愿医疗队, 来到位于长白山山麓二道江的解放军第十一陆军医院, 负责战地分诊工作。

6 月, 在东北军区后勤卫生部内科巡回医疗组担任内科主治医生, 在东北各后方医院开展巡回医疗工作。

10 月, 随巡回医疗组在勃利后方医院参加会诊, 发现一种前所未见的怪病, 正确判断出病因并由此解决了困扰志愿军部队多时的肺吸虫病问题, 及时诊断一大批患病战士, 被中国人民解放军东北军区司令部、组织部授予二等功。

**1954 年**

7 月, 当选为卢湾区第一届人民代表大会代表。

首创用石蜡代替硅胶开展凝血活酶生成实验, 成为国内成功使用凝血活酶生成实验进行血友病检测的第一人。

**1955 年**

担任上海第二医学院医疗系教学秘书。

**1956 年**

1 月, 与谢竞雄合作, 在《中华医学杂志》发表《血浆中凝血活酶因子缺乏症》, 在国内第一次报告了 3 例血浆凝血活酶因子乙缺乏症。

6 月 12 日, 晋升为讲师。

被评为广慈医院先进工作者。

**1957 年**

先后报道轻型血友病甲 2 例、轻型血友病乙 1 例, 并对血友病的实验诊断进行了深入研究。

**1958 年**

9 月，与谢竞雄合译的《出血性疾病》由科技卫生出版社出版。

《血浆中凝血活酶因子缺乏症》在《中华医学杂志英文版》上发表。

**1959 年**

调往中医科学习、工作一年。参加为期两三个月的中医学习班，后担任教师，向其他医生讲授中医知识。

**1960 年**

年初，被评为上海第二医学院社会主义建设先进工作者。

8 月 1 日，调往上海第二医学院基础部担任病理生理学教研组第二副主任。

**1961 年**

7 月，当选卢湾区第四届人民代表大会代表。

9 月，参加中国生理科学会主办的第一次全国病理生理学学术讨论会，就病因学相关研究做了大会发言。

**1963 年**

7 月 15 日，晋升为副教授。

负责上海第二医学院法语班的法语教学工作。

**1964 年**

3—5 月，被派往上海金山县金卫公社新光大队参加"社教运动"。

**1965 年**

6 月，被抽调到上海半农半读医学专科学校，担任教研组内科小组组长，负责临床教学任务和常见疾病教研内科小组的教学任务。除教学外，大部分时间在嘉定县人民医院开展临床与医疗工作，并带领学生下乡巡回医疗。

**1969 年**

7 月，被派往位于安徽歙县无名山的上海第二医学院皖南干校做保健医生，同时参加体力劳动。

**1971 年**

9 月，回到上海第二医学院教材组参加教材编写工作，担任上海市大学教材《内科学》主编之一。

**1973 年**

6 月，重回上海第二医学院附属瑞金医院内科，从事血液病的治疗与研究工作。

与胡庆澧、徐福燕、王鸿利一起编写供进修医师学习使用的《血液学讲义》。

**1977 年**

上海第二医学院附属瑞金医院内科血液组与儿内科合作，正式成立血液病研究室，任主任。

上海第二医学院附属瑞金医院内科四病区和血液组被评为上海第二医学院先进集体。

被评为上海第二医学院先进工作者。

**1978 年**

7 月 6 日，重回上海第二医学院，任病理生理教研室主任。

9 月，招收恢复研究生招生制度后的第一批硕士研究生：陈竺、陈赛娟。

**1979 年**

与卫生部上海生物制品研究所的张天仁教授合作，在国内首先提纯因子 Ⅷ 相关抗原（即 vW 因子），并制成抗血清应用于临床，在国内推动了对血管性血友病 (vWD) 和血友病携带者等的研究。

## 1980 年

6 月，当选卢湾区第七届人民代表大会代表。

12 月 8 日，晋升为教授。

## 1981 年

11 月 6 日，调任上海第二医学院基础医学部第二主任。

"因子Ⅷ的基础与临床研究"获卫生部科技成果奖乙级奖。

## 1982 年

2 月，任上海第二医学院基础医学部主任。

2 月，任上海第二医学院学位评定委员会委员。

10 月，参加在杭州召开的、由浙江医科大学郁知非教授组织的国内外出血性疾病学术交流会，与会的有著名的美国波士顿麻省大学医学院 Peter 教授及其团队等，在会上作了有关国内血友病及因子Ⅷ的报告，引起国内外学者的关注。

"因子Ⅷ相关抗原抗血清的制备和临床应用"获卫生部科技成果奖二等奖。

## 1983 年

10 月，参加中国生理科学会病理生理学会召开的全国造血、血栓与止血专题学术会议。

应邀去美国波士顿麻省大学医学院访问。随后，参加在瑞典斯德哥尔摩召开的第 15 届国际血友病联盟学术会议，并在大会宣读题为《有关因子Ⅷ在中国研究的现况》的论文。

## 1984 年

1 月 11 日，当选卢湾区第八届人民代表大会代表。

3 月 24 日，任上海第二医学院院长。

4月，受聘担任《国外医学输血及血液学分册》副主编。

9月，招收第一批博士研究生：赵基、韩忠朝。

10月，来自新加坡、法国、中国香港和上海的"七约翰"相隔30年后在厦门首次会面。

任中华医学会上海分会副理事长。

## 1985 年

1月4日，上海第二医学院《院长负责制工作试行条例》经教职工代表大会讨论通过，开始全面负责学院工作。

1月18日，任上海第二医学院学术委员会主任。

3月，任中华医学会代表团副团长，赴法国巴黎参加第6次"中法医学日"活动。其间，访问法国里昂、南锡、马赛等地与上海第二医学院建立了校际关系的几所大学的医学院。获法国巴黎市市长授予的银质勋章及证书，获里昂"中法学院通讯会员"证书、里昂"名誉市民"称号。

6月15日，上海第二医学院改名为上海第二医科大学，任校长。

7月，参加上海市教委在福建武夷山召开的教育工作会议，与会者为上海部分大学校长。

9月23日，被授予美国心脏研究学会名誉会员称号。

12月7日，动员上海第二医科大学师生开展第一次教育思想大讨论。

被推选为上海市第六届政协委员。

## 1986 年

4月7日，任上海第二医科大学第二届学报编委会主任委员。

4月，当选上海市政协常务委员。

6月26日，参加在镇江召开的全国血栓与止血学术会议。

7月，应邀访问日本岛根医科大学，参加日本第18届医学教育会议，并宣读论文。

9 月，组织创建上海市科学技术委员会医学专业委员会，任主任委员。

10 月，与同道共同主持由上海第二医科大学、中国科学院上海生化所和美国圣母大学共同举办的国际血栓与止血纤溶会议。

12 月，"血小板球蛋白分离提纯抗血清制备和放射免疫测定'药箱'的研制"获上海市科技进步奖三等奖。

## 1987 年

3 月，任上海第二医科大学校务委员会主任。

4 月 17 日，任上海血液学研究所所长。

5 月，应法国法兰西学院邀请，在巴黎讲学一个月，做专题报告 4 次；参加法国第 9 届血液学学术会议；先后到里昂大学、斯特拉斯堡大学医学院讲学；与巴黎第七大学达成合作研究诱导分化治疗急性早幼粒细胞白血病的协议，由中方提供全反式维甲酸。

7 月，参加在比利时布鲁塞尔召开的第 11 届国际血栓与止血学术会议。

10 月下旬，应美国旧金山州立大学、宾夕法尼亚大学、堪萨斯大学、内布拉斯加大学、圣母大学等学校邀请，与徐家裕一起赴美访问，就建立校际联系取得共识。

12 月，在《中国医学杂志》1987 年第 100 卷第 12 期上，与黄萌珥一起首次报道维甲酸与小剂量阿糖胞苷治疗急性早幼粒细胞白血病 6 例，全部缓解。

## 1988 年

1 月 16 日，上海第二医科大学校长任期期满，返回上海第二医科大学附属瑞金医院血液科工作。

1 月 24 日，当选第七届全国人民代表大会代表。

8 月，在《血液》杂志上发表第一篇关于全反式维甲酸临床应用的论文《全反式维甲酸治疗急性早幼粒细胞白血病的研究》，引起国际血液界高度关注，并由此奠定了诱导分化的临床基础。

10月30日,上海第二医科大学校友会成立,当选第一届理事会常务理事。

11月,任中华血液学会副主任委员。

赴意大利参加第3届国际诱导分化治疗学术会议。

主编的《血栓与止血——基础与临床》第一版由上海科学技术出版社出版。

## 1989 年

7月,"中药蒲黄防治动脉粥样硬化机制的研究"课题获得国家教委科技进步奖二等奖。

8月,参加在日本京都举行的国际血栓形成与止血学会学术会议。

12月,"全反式维甲酸诱导分化治疗急性早幼粒细胞白血病的研究"获卫生部科学技术进步奖三等奖。

## 1990 年

4月,参加上海第二医科大学附属瑞金医院在浙江省医学会协助下,在杭州召开的全国第一届维甲酸治疗急性早幼粒细胞白血病临床研究会议,会议有66个单位参加,汇总544例急性早幼粒细胞白血病的治疗效果(论文发表在《中华血液学杂志》1992年第13卷),这是国内外第一次大量临床总结的报道。

5月,获上海市卫生系统青年人才奖励基金会颁发的1989年度"银蛇奖"特别荣誉奖。

## 1991 年

2月,荣获法国1990年"突出贡献医生"称号,法国卫生部部长等人出席颁奖仪式。

2月,在《中华血液学杂志》发表《试论我国的血栓与止血研究工作》。

10月,参加在青岛召开的第5届华东血液病学术会议。

11月,应邀参加香港第5届国际血液学会议亚太分会,做题为《全反式维甲酸治疗APL的现状》的专题报告。

获美国人物传记研究所人物名人录纪念证书。

主编的《临床医学概要》由人民卫生出版社出版。

## 1992 年

4 月，上海第二医科大学附属瑞金医院在浙江绍兴召开全国第二届维甲酸治疗急性早幼粒细胞白血病会议，总结维甲酸治疗急性早幼粒细胞白血病的远期疗效。

6 月，"急性早幼粒细胞白血病维甲酸诱导分化治疗的机制研究"获得国家教委科技进步奖二等奖。

9 月，被法国政府批准成为法国科学院外籍通讯院士，授予仪式在上海第二医科大学举行。

11 月，在胡应洲基金资助下，应邀在香港大学医学院玛丽医院任客座教授，查房、讲学。

12 月，参加在美国加州阿纳海姆召开的美国血液学会第 34 届学术会议。被录入剑桥国际名人词典。

获美国魏克斯曼癌肿研究基金会肿瘤研究奖。

## 1993 年

6 月，在《新英格兰医学杂志》上发表"Acute promyeloytic Leukemia"。

7 月 30 日，与上海第二医科大学附属瑞金医院史济湘等 12 位副主任及以上医师联名发出廉洁行医、拒收"红包"的倡议书，贴在医院门诊大楼和外科病房大楼门前，引起医院近千名职工签名响应。

9 月，被批准成立上海血液学研究所上海市人类基因组研究重点实验室。

12 月 3 日，参加在日本东京召开的中日血液学学术会议，作有关全反式维甲酸的报告。

12 月，应台湾大学医学院邀请，访问台湾，参观台湾大学医院、台湾地区研究院、台北故宫博物馆，并做学术报告。

获法国政府颁发的"荣誉军团骑士勋章"。

获教育部颁发的"培养优秀青年教师工作成绩显著"荣誉证书。

获上海市"培养优秀青年教师工作成绩显著"荣誉证书。

"急性早幼粒细胞白血病中 t(15：17) 染色体易位的分子生物学研究"获卫生部科技进步奖一等奖。

## 1994 年

1 月，"急性早幼粒细胞白血病全反式维甲酸诱导分化治疗的机制研究"获国家自然科学奖三等奖。

1 月，获中华国际医学交流基金会颁发的"林宗杨医学教育奖"证书。

1 月，在《微循环技术杂志》发表《溶栓疗法的临床应用及其问题》。

2 月，在《中华血液学杂志》发表《诱导分化疗法应用的现状》。

6 月 15 日，获国际肿瘤学界最高奖——凯特林癌症医学奖，成为荣获该奖的第一个中国人。评委会称王振义为"人类癌症治疗史上应用诱导分化疗法获得成功的第一人"。

10 月，获"上海市首届医学荣誉奖"。

11 月，在《生物化学与生物物理进展》发表《纤维粘连蛋白的分子生物学研究》。

12 月，当选中国工程院院士。

12 月，获"首届上海市科技功臣"称号。

12 月，获首届"何梁何利基金科学与技术进步奖"。

12 月，"PH1 染色体相关白血病细胞和分子生物学研究"获上海市科技进步奖一等奖。

## 1995 年

5 月，邀请哈尔滨医科大学第一附属医院张亭栋教授访问上海血液学研究所，提出合作意向，采用三氧化二砷治疗白血病。

6 月，"PH1 染色体相关白血病细胞和分子生物学研究"获得国家教委科技进步奖一等奖。

9月，被聘任为上海第二医科大学终身教授。

10月，辞去上海血液学研究所所长职务，举荐陈竺任所长。

## 1996 年

1月，"人类白血病分子机制及其临床应用"获得国家科技进步奖二等奖。

4月12日，参加台湾高雄学术会议并作报告，后去台北，参观台湾大学医院。

8月30日，获香港求是科技基金会"杰出科学家奖"，授奖仪式在北京举行。

10月2日，参加在西安举行的中日血液学术会议，并做学术报告。

10月12日，在北京参加全球震旦校友会，会后同去承德游览。

11月，应邀赴日本参加学术会议。

《血栓与止血》第二版由上海科学技术出版社出版。

## 1997 年

3月13日，获瑞士布鲁巴赫基金会国际肿瘤研究奖，授奖仪式在瑞士苏黎世大学举行。

6月29日—7月5日，去联邦德国汉堡、图宾根、海德堡参加学术会议和参观访问。

9月，《血栓与止血》第二版获华东地区科技出版社第10届优秀科技图书一等奖。

12月，"人类白血病诱导分化和凋亡的细胞及分子机制研究"获得上海市科技进步奖一等奖。

## 1998 年

5月26日，应邀访问安徽医科大学，并做有关攻克肿瘤的报告。

6月，"白血病诱导分化治疗的作用机制研究及意义"获教育部科技进步奖二等奖。

9月，"血栓与止血的检测与应用"获卫生部科技进步奖二等奖。

10月，在法国巴黎获1998年度法国世界（国际）祺诺台尔杜加科学奖。

10月16日，在中国医学科学院天津血研所参加学术会议，做题为《肿瘤治疗的策略》的报告。

12月，"血栓与止血的检测与应用"获上海市科技进步奖二等奖。

被聘任为上海第二医科大学附属瑞金医院终身教授。

和陈竺合著的《肿瘤的诱导分化和凋亡疗法》由上海科技出版社出版。

## 1999 年

1月，"血栓止血的检测和应用方法研究"获国家科技进步奖三等奖。

3月，参加在日本东京召开的血液病学现代疗法亚洲会议。

5月，为国家级继续教育学习班第一期学生讲白血病 MICM 分类总论。此后每年一次，共12次。

6月，"白血病诱导分化治疗的作用机制研究及意义"获教育部科技进步奖二等奖。

8月，"抗癌药物研究与实验技术"获卫生部科技进步奖三等奖。

11月，在《中国医学杂志》上发表"Differentiation therapy for acute promyelocytic 1eukemia with a11-trans retinoic acid-10-year experience of its clinical application"。

10月，《肿瘤的诱导分化和凋亡疗法》获第四届国家图书奖。

## 2000 年

1月，"血栓与止血的检测与应用"获国家科技进步奖三等奖。

1月，主编的《临床医学卷·内科学》由黑龙江科学技术出版社出版。

2月，出席在西班牙举行的欧洲血液学学术会议。

6月，"血友病和血管性血友病的基础"获中国高校自然科学奖二等奖。

9月30日，《全反式维甲酸治疗急性早幼粒细胞白血病的研究》这一发表在《血液》杂志上的第一篇关于全反式维甲酸临床应用的论文，被评为全球百年86篇最具有影响的代表论文之一，获美国20世纪具有标志性血液学论文评选活动"经典引文奖"。

10月，"巨核细胞和血小板的系统研究"获天津市自然科学奖三等奖。

10月，在《柳叶刀》上发表"Differentiation and Apoptosis Induction Therapy in Acute Promyelocytic Leukaemia"。

获美国ISI信息科学学会论文引证证书。

## 2001年

1月，"全反式维甲酸与三氧化二砷治疗恶性血液疾病的分子机制研究"获国家自然科学奖二等奖。

5月16日，在美国哥伦比亚大学接受该校授予的荣誉科学博士学位。

6月，出席在天津召开的我国第一届中西医结合血栓止血与血管生物学研讨会。

10月27日，应邀去日本名古屋参加日本血液学学术会议。

12月，"血友病基础与临床研究"获首届中华医学科技奖三等奖。

12月，"血友病基础与临床研究"获上海市科技进步奖二等奖。

12月，"巨核细胞和血小板的病理生理学特征及其生长调节"获国家自然科学奖二等奖。

## 2002年

4月18日，参加并主持在韩国首尔召开的亚太血栓与止血会议。

7月27—29日，组织和主持中加（加拿大）法语多学科（血液、烧伤、高血压、内镜外科、妇产科、急诊）学术会议，致欢迎辞，并做题为《急性早幼粒细胞白血病的诱导和促凋亡治疗》的报告。

12月，参加震旦校友会组织的纪念震旦大学100周年活动。

12月，"急性白血病出血的基础与临床研究"获中华医学科技奖二等奖。

## 2003 年

1 月，"急性白血病出血的基础与临床研究"获上海市科技进步奖三等奖。

8 月，获首届"上海市教育功臣"奖章。

10 月，参加上海血液学会年会，做关于白血病凋亡疗法的报告。

12 月，应邀在美国血液学年会上做专题报告，成为至今亚洲唯一获此殊荣的学者，获美国"海姆瓦塞曼演讲奖"。

12 月，"重要脏器血栓栓塞的基础与临床研究"获上海市科技进步奖一等奖。

开始试行"开卷考试"。

## 2004 年

1 月，"重要脏器血栓栓塞的基础与临床研究"获国家科技进步奖二等奖。

2 月，获"全国卫生系统先进工作者"荣誉称号。

2 月，应邀在海南三亚亚太肿瘤峰会学术会议上做关于白血病靶向治疗的专题报告。

4 月，在上海参加由上海血液学研究所筹备和组织的第 10 届国际分化会议。

6 月，参加在北京召开的第二届亚洲血液学学术会议。

12 月，"遗传性凝血因子缺陷症和抗凝因子缺陷症的基础与临床研究"获上海市科技进步奖一等奖。

"三氧化二砷单用及联合全反式维甲酸治疗急性早幼粒细胞白血病作用机制及临床研究"获上海医学科技奖一等奖。

《血栓与止血》第三版由上海科技出版社出版。

## 2005 年

1 月，"遗传性凝血因子缺陷症和抗凝因子缺陷症的基础与临床研究"获国家科技进步奖二等奖。

4 月，应邀参加在法国里昂举行的中法学术会议，并做关于全反式维甲酸诱导分化疗法 20 年经验的报告。

6月，参加上海第二医科大学组织的"中法医学日"学术会议。

8月，参加在长春召开的第8届全国暨国际诊断学术交流会，并做题为《淋巴增生性疾病的分类及其检查的进展》的报告。

12月，"三氧化二砷单用及联合全反式维甲酸治疗急性早幼粒细胞白血病作用机制及临床研究"获中华医学科技奖一等奖。

12月，"遗传性凝血因子缺陷症和抗凝因子缺陷症的基础与临床研究"获中华医学科技奖二等奖。

## 2006 年

1月，在《内科理论与实践》发表《急性白血病细胞遗传和分子发病机制以及相关靶向治疗》。

8月，应邀在广州召开的亚太地区国际肿瘤生物和医学会议上，做题为《肿瘤的分化和凋亡疗法》的专题报告。

9月，应邀参加在苏州召开的第4届亚太血栓止血学术会议。

11月，应邀参加在法国巴黎召开的第11届国际分化疗法会议并发言。

## 2007 年

9月，参加在哈尔滨召开的全国肿瘤会议，做题为《肿瘤治疗途径的探讨》的报告。

9月，上海交通大学医学院附属瑞金医院为庆祝建院100周年组织"中法医学日"学术会议，应邀作有关急性早幼粒细胞白血病的报告。

12月，"遗传性出血病的基础研究和临床应用"获国家科技进步奖二等奖。

是年，在《微生物学与免疫学的当前课题》（*Current topics in Microbiology and Immunology*）发表"Treatment of acute promyelocytic leukemia by retinoids"。

## 2008 年

2月，在《内科理论与实践》发表《白血病和淋巴瘤的靶向免疫治疗》。

3月，应邀为美国血液学会成立50周年撰写专题论文"Acute promy-elocytic leukemia: From highly fatal to highly curable"，发表在2008年的《血液》杂志上。

7月，在《上海交通大学学报》（医学版）发表《基础与临床研究密切结合的科研理念》。

## 2009 年

9月，在上海参加中国工程院医药卫生学部组织的我国转化医学发展战略研讨会，并发言。

11月5日，在成都出席第12届全国实验血液学学术会议。

## 2010 年

8月，参加在西安召开的全国血液学学术会议，并做题为《急性白血病治疗和研究中存在的问题和对策》的报告。

10月，为上海交通大学医学院学生作专题讲座，题目是《在医学的大道上茁壮成长》。

12月12日，夫人谢竞雄去世。

## 2011 年

1月14日，获"2010年度国家最高科学技术奖"。在北京人民大会堂召开的国家科学技术奖励大会上，由中共中央总书记、国家主席、中央军委主席胡锦涛颁发证书。

1月15日，为上海交通大学转化医学研究院揭牌。同日，上海交通大学召开王振义院士荣获国家最高科学技术奖庆祝表彰大会，号召全校师生和医护员工向他学习。

2月11日，向国家最高科技奖获得者王振义院士学习座谈会在京举行，全国政协副主席王志珍、卫生部部长兼中华医学会会长陈竺、卫生部副部长尹力出席。

3月2日，王振义院士先进事迹报告会在上海展览中心友谊会堂举行，上海市副市长沈晓明主持，中共上海市委常委、宣传部部长杨振武讲话。

4月9日，荣获"上海交通大学杰出校友终身成就奖"。

4月10日，《走近王振义》一书首发式暨出版座谈会在上海交通大学医学院附属瑞金医院举行。卫生部部长陈竺、上海市副市长沈晓明等人出席并讲话。

5月21日，应家乡江苏省兴化市邀请，为医务人员讲怎样做好医生，并回答兴化市人民医院血液科医生提出的问题。

9月，当选为中共上海市委宣传部、上海市精神文明建设委员会办公室主办的首届"光荣与力量——感动上海年度十大人物"之一。

9月19日，参加在澳门召开的国际肿瘤会议，做题为"Challenges in cancer treatment"的专题报告。

9月，在华东师范大学做题为《在人生康庄大道上阔步前进》的报告。

11月12日，在中华实验血液学会年会上做题为"Leukemia Stem Cell"的专题报告。

12月，赴贵阳医学院、贵阳中医学院、遵义医学院讲学，并参观遵义会议会址。

12月，在《中国医学伦理学》上发表《爱心和好的医术是医生必备的两个素质》。

## 2012 年

1月20日，与陈竺一起获得由全美癌症研究基金会颁发的第7届"圣捷尔吉癌症研究创新成就奖"。

2月25日，在上海市卫生系统核心价值观与医院文化建设研讨会上做题为《弘扬医学职业精神》的主题报告。

4月2日，与陈竺一起获凤凰卫视及凤凰网策划发起，并联合十余家华文媒体和机构共同主办的"影响世界华人大奖"。

4月11日，做客上海交通大学"大师讲坛"，与500多位学子分享自己的科研之路。

6月4日，接受全国政协副主席、科技部部长万钢和中国科学院副院长詹文龙颁发的小行星命名证书与小行星运行轨道图。根据国际小行星中心第77507号公报，将第43259号小行星永久命名为"王振义星"。

9月12日，在台北"2012 Cross-Strait Conference on Cancer Prevention and Control"学术会议上，做题为"Studies on the treatment of acute myeloid leukemia in main land China"的专题报告。

9月24日，在中华血液学年会上做题为《病毒相关恶性血液病研究的现状》的专题报告。

## 2013 年

5月24日，应邀在广州2013年国际肿瘤论坛上做题为《肿瘤干细胞》的专题报告。

5月31日，应邀在新华儿童医学中心召开的国际儿童血液及肿瘤进展高峰论坛上做题为"Contemporary treatment and its problem in APL"的专题报告。

11月，在国家级继续教育学习班第12期学习班上，讲白血病及淋巴瘤当代分类与分型。

12月，回顾并总结"开卷考试"10年经验。

## 2014 年

3月21日，应邀在江苏省靖江市人民医院做题为《怎样做一位好医生》的报告。

6月，应邀在《国际血液学杂志》上发表题为"Progress in the treatment of APL, optimization and obstruction"的专题报告。

6月18日，应邀在新疆医科大学主办的学术会议上，做题为《急性早幼粒细胞白血病治疗研究中的启示》的专题报告。

9月9日，参加上海市庆祝第30个教师节座谈会，以《大学的目标是培养德才兼备的人才》为题作了发言。

9月15日，在上海交通大学医学院新生开学典礼上，讲如何在学医的道路上健康前进。

## 2015 年

7月29日，参加中国工程院召开的创新座谈会。

9月30日，在北京参加国庆招待会。

12月14日，在北京参加中华医学会成立100周年纪念活动，并领取荣誉证书。

## 2016 年

9月12日，为上海交通大学医学院新生上入学第一课。

## 2017 年

7月14日，应邀在黑龙江哈尔滨做学术报告。

## 2018 年

1月13日，参加上海血液学年会。

9月10日，参加上海交通大学医学院开学典礼。

10月10日，给上海交通大学医学院研究生新生上课。

## 2019 年

1月29日，参加上海交通大学医学院附属瑞金医院表彰大会。

2月22日，参加《清贫的牡丹》作者胡日龙画展。

3月，获得"最美医生"称号。

5月28日，参加《解放日报》创刊70周年庆祝会。

9月9日，参加话剧《清贫的牡丹》演员见面会。

9月17日，参加上海交通大学医学院研究生新学年见面会。

12 月 15 日，在上海金山参加上海血液学年会并做报告。

## 2020 年

1 月 7 日，参加上海交通大学医学院研究生论文评比。

1 月 9 日，参加上海闸新医院开幕式。

8 月 21 日，看望吴孟超院士。

9 月 6 日，获得＂未来科学大奖＂之一的＂生命科学奖＂，奖金为 100 万美元，他要求医院代为全捐。

## 2021 年

5 月 8 日，参加在上海崇明举行的血液学年会。

## 2022 年

6 月 30 日，恢复"开卷考试"。

8 月 20 日，参加血液学年会。

10 月 24 日，参加上海交通大学医学院 70 周年纪念活动。

## 2023 年

11 月 30 日，在上海交通大学医学院附属瑞金医院参加其从医执教 75 周年座谈会。

## 2024 年

9 月 29 日，被授予＂共和国勋章＂。

# 后 记

我和王振义老师的缘分应该是开始于 20 世纪 80 年代。

1984 年 9 月，我大学毕业不久，有幸被调到王振义任院长的二医马列主义教研室工作。

1987 年，我代表人文社科部青年教师向校领导汇报学生的思想动态以及为加强学生思想政治教育所做的努力。王振义校长仔细听了我的汇报以后，发表了他的意见。这是我和王振义老师第一次面对面的交流。

1994 年，王振义老师获得美国凯特林癌症医学奖以后，全校师生员工都为之振奋。给王振义老师写书的念头，在我心中油然而

王振义（左）与作者（右）回忆 60 年前的往事（2010 年）

生。我开始有意识地关注和搜集有关王振义老师的报道。

1996年，我应北京《中华英才》画报的约稿，为王振义老师写专访。在时任二医校长王一飞教授的安排下，我第一次正式采访了王振义老师，当时他已经当选中国工程院院士。在和他的交流中，我谈起了小静康复的故事，"您治好了她的病"。王老师严肃地纠正："不能说是治好了，只能说她的病情得到了缓解。你应该去看看小静，她现在的情况怎么样？"王老师这种严谨、低调的科学精神给我留下了深刻的印象。

在查阅了大量资料的基础上，我撰写的《心事化尽尘缘中：荣获国际癌肿研究最高奖的中国工程院院士王振义》一文发表在《中华英才》1997年第5期上。

2005年，二医和上海交通大学合并以后，我开始研究和撰写原二医的校史，对包括王振义院士在内的学校历史上的杰出人物有了更多的认识和了解。

2009年5月26日，我应邀参加了瑞金医院团委主办的"铭记终身——瑞金青年与终身教授面对面之王振义教授访谈会"，再次聆听了王振义老师的为人、为医、为师之道。他以"在医学道路上茁壮成长"为主题，同青年医生们讲故事、谈人生、说理想。我也和他做了深入交谈。

此后，在时任瑞金医院党委副书记杨伟国的大力支持下，我决定正式开始为王振义老师写传记的第一阶段工作。为此，我初定了编写大纲，开始全力以赴地投入相关资料的搜集、整理和研究的工作。

我和同事宋霁一起多次前往王老师的办公室和家里进行采访，到他曾经学习、工作和生活过的地方进行实地考证，到档案馆查阅有关的档案资料，力求做到口述回忆与历史档案的统一。在收集档案资料的过程中，我们得到了中共上海市委组织部干部档案室、上海工商银行档案资料中心、华东电力建设公司干部人事档案资料室、华东电力试验研究院干部人事档案资料室、上海隧道设计研究院干部人事档案资料室，以及上海市档案馆、上海交通大学医学院档案馆、瑞金医院档案室、新华医院人事档案资料室的支持与帮助。

在整个撰写过程中，王振义老师给予了很好的配合。他不厌其烦地追忆往事，整理资料、收集照片、修改稿件。王振义老师的大姐王妙珍、五弟王振信以及子女等亲属；时任国家卫生部部长陈竺，时任中国科协副主席、血研所所长陈赛娟，时任上海交通大学副校长、医学院院长陈国强，时任瑞金医院副院长郑民华，时任瑞金医院血液科原主任沈志祥以及李军民、糜坚青、赵维莅、胡炯、蒋益、王立顺等王振义老师的学生；章央芬、潘家琛、毛一飞、程鸿璧、林荫亚等二医的老领导；胡庆澧、龚静德、陈凤生、徐也鲁、严中馥、梁蒲芳、周凤鑫、邵慧珍、黄桂秋等王振义老师的老同事都接受了我们的采访，提供了许多重要的资料。

宋霁和葛鹏程在整理访谈记录、搜集档案资料以及撰写初稿等方面做了许多工作；著名作家丁言昭作为特邀编辑为稿件作了润色；魏洲阳、陈杰、南德红、卢立波也在资料收集和整理方面贡献了力量。

2011 年 4 月，王振义老师的第一本传记《走近王振义》由上海交通大学出版社出版，时任卫生部部长陈竺、上海市副市长沈晓明和上海交通大学、上海交通大学医学院以及瑞金医院的领导参加了首发仪式。陈竺部长在充满深情的讲话中指出：

《走近王振义》一书的出版，让我们得到了一本宝贵的教材，使我们能更好地学习王振义老师的为人、为学，更加走近他的思想，他的从医生涯的灵魂所在。

走近王老师的思想，实际上是需要通过更多地了解王老师的医学实践作为一个切入口。王老师的医学实践的最大特点到底是什么？是发表论文？是得奖？是鲜花和掌声？都不是！王老师的医学之路，实际上是一条充满艰辛、挑战，但是又以极强的自信心迎接艰辛，战胜挑战，不断为患者解除痛苦，为中国医学和世界医学积累宝贵经验，这样一条道路。这里面最核心的是，他的一切所思、所想、所为，都是以维护人的生命，以人道、人性为最高原则，以践行人道主义、治病救命为他所有行动的出发点和归宿点。在这个过程当中，王老师也有了我们国家医学界引证率最高的论文，用王老师自己的话说，"这只是副产品"，我们面对的是奄奄一息的病人，我们无法去炫耀我们的论文。一个医生，一个好的医生，能够留给世界的、最好的是什么？就是能够提供解决问题的、一个好的预防、诊断和治疗方法。这就是我们讲的转化医学的核心所在。从这样一个境界和高度来理解王老师，走近王老师，我们才能够更加正确地摆正我们医学人的行为。而作为管理者来说，也才能够更加摆正我们的评价体系，包括对医学教育、科研，特别是对医疗的评价体系。

当前我们国家一方面在推动深化医疗卫生体制改革，另一方面在建设创新型国家。在这样的伟大进程中，中国人需要什么？中国的医务界、科学界，推而广之说中国的知识界需要什么？需要自信心，需要一个民族走向伟大振兴历程中的坚忍不拔的毅力。毕竟，1840年以来，我们国家逐渐沦为半殖民地半封建社会。我们的健康、我们的卫生事业，曾经被讥笑为是"东亚病夫"的这样一个体系。这个自信心要靠全球第二的经济总量来支撑，但是更重要的是走向创新型国家的过程，实际上就是要敢于藐视，同时又敬畏现有的人类知识体系和成果。我不是狂妄，实际上人类还有这么多痼病没有解决，怎么能认为医学已经到头了呢？并不因为每年增加多少诺贝尔奖，年轻人就没有创新的机会了。王老师在研究全反式维甲酸时，就是这样抱着一份不甘心，他就不甘心看着患者就这样一个个死去。当时还没有外面的药可用，王老师用的是国产药，才会便宜到13元钱一瓶，所以才会有香港报纸报道的2元钱（欧元）治愈一个病人的说法。这样的成果基于什么？就是基于自信心。但是，这样的自信心是需要勇气的。因为医学的实践是充满风险的，尤其是在医患关系还非常不尽如人意、医学伦理学问题被社会广泛关注的情况下。这种自信心不是从天上掉下来的，它就是我们说的第一个伦理原则——就是一切为病人服务，为病人解除病痛是一切行动的出发点和归宿，是从大医精诚的思想出发的。其实，王老师也有过失败，他的成功是从无数次的失败中总结出来，逐渐地发现、把握规律的。

让我们永远走近王老师、学习王老师、宣传王老师，让医务人员有尊严地工作、创造群众的健康，为世界提

供一点来自于中国的、有分量的、留得下历史印迹的思想，
为世界的医学做出贡献。

应该说，陈竺部长的讲话给了我很大的鼓舞和鞭策。此后，
我开始了为王振义老师写传记的第二阶段工作。我几乎每周都要
和王老师见面沟通，和王老师的亲属、学生也有了更多的接触，
还和瑞金医院血液科的党员一起过组织生活。我尽可能多地参加
王振义老师的一些活动。我陪同王老师到上海的部分高校演讲；
和王老师一起参加学术报告会；和王老师一起查房，参加血液科
的病例讨论。我和宋霁一起陪同王老师到贵阳、遵义讲学，并看望
他的大姐王妙珍；到北京采访了王振义小妹王冀，并查阅了她的档
案资料。在和王振义老师频繁的接触和坦诚的交流中，我更加深
刻地理解了他的为人和思想。我们也成了无话不谈的忘年交。

我还专程赴浙江义乌采访了王振义老师长期资助的血友病患
者小楼；采访了来自南通的白血病患者小姚；采访了王老师的外
甥女邹兆芳以及"清贫的牡丹"作者、画家胡日龙。王老师的学生、
全国政协常委、实验血液学国家重点实验室主任、国家干细胞工
程技术研究中心主任韩忠朝，国家人类基因组南方研究中心常务
副主任黄薇，南通大学医学院教授陆德炎等也接受了我们的采访，
提供了许多重要信息。

我还到法国巴黎耶稣会档案馆查阅了有关震旦大学和广慈医
院的一些历史资料，为我们进一步把握王振义老师早年求学和工
作的历史背景和时代特点，提供了第一手的材料。我也在法国先
后采访了巴黎第七大学和斯特拉斯堡大学曾经和王振义老师合作
过的专家教授，亲耳聆听了法国朋友对于王振义老师为中法两国

在高等医学教育领域的交流与合作所做出的高度评价。

在三年多时间里，我搜集到包括王振义老师四十多年前给他大姐王妙珍的信，三十年多前给邹兆芳的信以及二十多年前给小楼的信在内的许多新的难得的资料。

其间，我还承担了由中国科协主办的"老科学家学术成长资料采集工程"王振义院士学术成长资料采集项目研究报告的撰写工作。宋霁、葛鹏程、朱凡等参与了该报告初稿的撰写工作。

2013年底，我主编的《王振义院士集》由人民军医出版社出版。该文集收录了包括王振义老师代表性学术论文在内的大量文献资料，宋霁和葛鹏程也参与了这项工作。

2015年2月，《王振义传》作为"十二五"国家重点图书出版规划项目——中国工程院院士传记系列丛书由人民出版社正式出版。此次出版的《王振义传》是在多年的资料搜集和研究的基础上完成的，宋霁提供了第一至第五章、第十章的部分初稿，葛鹏程提供了第六至第九章的部分初稿，丁言昭再次为书稿做了润色，宋霁参与了校订，王振义老师亲自做了最后审定。

此后，为进一步学习、宣传王振义老师，我继续收集有关资料。特别是在我主持的国家社科基金重大项目"伟大建党精神及其同中国共产党的精神谱系关系研究"正式立项后，我把研究王振义老师践行科学家精神的先进事迹作为我科研工作的重要任务。此后，我不断努力提升自己的格局，站在更高的角度，学习和研究王振义老师的事迹和思想。

2024年是中华人民共和国成立75周年，8月12日，党中央决定，开展国家勋章和国家荣誉称号集中评选颁授，隆重表彰一批为新中国建设和发展做出杰出贡献的功勋模范人物。根据评选颁授工作部署，在各地区各部门反复比选、集体研究的基础上，经组织考察、统筹考虑，产生4名"共和国勋章"建议人选，王振义老师光荣当选。

2024年9月13日，国家主席习近平签署主席令，根据十四届全国人大常委会第十一次会议表决通过的决定，授予王振义"共和国勋章"。

特大喜讯公布以后，8月13日下午，上海市社联党组书记、专职副主席王为松在参加我的新书《热爱人民——邹韬奋的为民情怀》首发式时明确希望我尽快完成新版王振义的传记。随后，上海交通大学出版社社长陈华栋正式邀请我去出版社商谈此事。8月20日，我在《走进王振义》编写组成员之一、上海健康医学院教务处副处长南德红的陪同下，再次拜访了王振义老师，得到了他的首肯，在一个多月的时间内，完成了正在撰写的《清贫的牡丹：王振义》全部文稿，交付上海交通大学出版社出版。上海交通大学出版社资深编辑吴雪梅为此书的出版做了很多工作，编辑曹婷婷对全书做了细致的审读。在此，对各位帮助和支持我的领导和朋友一并表示衷心的感谢。

陈 挥

2024年10月

（作者简介：陈挥，上海市模范教师，上海交通大学教授、建党精神研究中心主任，韬奋研究院院长，党史学习教育顾问；国家社科基金重大项目"伟大建党精神及其同中国共产党精神谱系关系研究"首席专家；上海市中国共产党伟大建党精神研究中心研究员，上海市委讲师团党史学习教育宣讲团成员，上海市委统战部"党的统一战线政策提出地工程"专家，上海市委党史研究室特约研究员。）